学 问 致 用 书
XUEWEN ZHIYONGSHU

学习提升境界

图书在版编目(CIP)数据

学习提升境界/王承庆著.—北京：北京大学出版社，2012.3
(学问致用书)
ISBN 978-7-301-20356-9

Ⅰ.①学… Ⅱ.①王… Ⅲ.①学习方法—通俗读物 Ⅳ.①G791-49

中国版本图书馆CIP数据核字(2012)第033051号

书　　　名：学习提升境界
著作责任者：王承庆　著
策 划 组 稿：王炜烨
责 任 编 辑：王炜烨
标 准 书 号：ISBN 978-7-301-20356-9/G·3380
出 版 发 行：北京大学出版社
地　　　址：北京市海淀区成府路205号　100871
网　　　址：http://www.pup.cn　电子信箱：zpup@pup.pku.edu.cn
电　　　话：邮购部62752015　发行部62750672　编辑部62750673
　　　　　　出版部62754962
印　刷　者：三河市北燕印装有限公司
经　销　者：新华书店
　　　　　　650毫米×980毫米　16开本　17.25印张　200千字
　　　　　　2012年3月第1版　2019年6月第4次印刷
定　　　价：36.00元

学习提升境界

目录

自　序

近读《学习时报》登载的原人民日报社副总编辑梁衡的一篇文章《警惕学习的异化》，颇有些感想。文章由“文革”中《毛主席语录》的编写与发行过程，引发关于学习的“形式与内容”的话题。梁先生写道：

> 学习本是一种自觉的探求、冷静的辨别、科学的实践，求不得轰轰烈烈，更不能搞成运动。既成运动，便来如潮涨，去如潮落，就躲不开涨潮时的盲目和退潮时的寂寞。寂寞之后当然应该有思考。
>
> 原来，任何事物，除内容之外还有形式。形式这种东西有自身的价值，便总想脱离内容，闹出点动静来展示自己的独立。……而一个事物每当形式完全俘获了内容时，它也就走到了尽头，不再会有生命力。形式愈完备，愈繁琐，生命就愈僵化，愈近停止。八股文是这样，“文革”中的手捧语录“早请示、晚汇报”也是这样。过去，我们不知经过了多少学习运动，现在

不少地方也在发动这“学习化”，那“学习化”，口号喊得震天响，什么领导动员、演讲比赛、有奖问答、开卷考试、辅导验收，不一而足。公款买的学习用书，发了一筐又一筐。学习已经被异化为一种形象工程或应酬行为。这是需要高度警惕的。[1]

建设“学习型组织”，自20世纪90年代以来一直热度不减，方兴未艾，如今更是成为时代的主题。然而如何建？梁先生的文章正给我们提了个醒。这使我想起《论语·述而》中的一段记载：

叶公问孔子于子路，子路不对。子曰：“女奚不曰，其为人也，发愤忘食，乐以忘忧，不知老之将至云尔。”

南宋朱熹《论语集注》解释说：“未得则发愤而忘食，已得则乐之而忘忧；以是二者俛焉，日有孳孳而不知年之数不足，但自言其好学之笃耳。”孳孳，同孜孜，意为勤勉，不知疲倦。《论语》中这段话的意思是说：楚国大夫叶公问子路，孔子这个人怎样，子路不知如何作答。孔子事后对子路说：你怎么不这样说呢！他这个人啊，发愤学习，连吃饭都顾不上，学有所得就以此为乐，忘掉忧愁烦恼，甚至忘了自己已是将老之人，如此而已。近人康有为《论语注》上说：“忘食，则不知贫贱；忘忧，则不知苦戚；忘老，则不知死生；非至人安能至此。”

“忘食、忘忧、忘老”的境界，绝非一般读书人所能达到，然而“虽不能至，心向往之。非曰能之，愿学焉”。如何达到“三忘”的境界，孔子说得很明白：乐以忘忧！细心研读《论语》，不难发现，其通篇未见一个“苦”字，开篇即是一句：“学而时习之，不亦说乎？”在孔子看来，学习是一项经常性的事，也是充满乐趣且使生命富有色彩的源泉。接着又是“有朋自远方来，不亦乐乎”的话，而且整部《论语》有“说”、“悦”、“乐”近七十处，贯穿着一种积极的、和谐的、乐观主义的人生观。

学习，总要求得某种改变，方为真学。建设学习型组织，就是要实现由“事务型”向“学习型”的转变，而对于个人，则是要由“忙于事”向“静于学”、“乐于学”的转变。

本书不求建立严密的逻辑体系和完整的结构，我只在津津乐道着读书学习之乐，重在说“事”，而非说“理”。当然“理”在“事”中。

由于笔者才疏学浅，阅历有限，书中难免有些浅薄幼稚的东西，敬请诸位师长、同仁不吝赐教。对于书中所引用的文献资料、书目及其作者，在此谨表谢意。

作　者

2011 年 10 月 20 日

注释：

[1]《学习时报》2010 年 3 月 29 日。

第一章

换个角度看问题

学习，是一个既古老又新鲜的话题。说它古老，是因为人类从一开始就面临着学说话、学做事、学做人的问题。儒家典籍中的两大名著《论语》和《荀子》，前者始于《学而》，后者始于《劝学》，都以“学”开篇，强调一切应从学习开始。说它新鲜，是因为我们已经进入一个学习的时代，处在这样一个处处弥漫着“学习化”的环境氛围中，如何看待学习，如何正确学习，则是一个常学常新的课题。那么，既然学习问题历久弥新，又不可回避，何不以一种积极的、和乐的姿态处之，使其有益于生活，给力于生活？这种积极的、和乐的学习姿态，换个角度看，大概有以下一些主要的方面。

一 “从不自满开始”

早在1938年的抗战岁月里，中国共产党为争取在抗日民族统一战线中的应有地位，毛泽东就向全党郑重提出了学习的问题，他精辟地指出：“学习的敌人是自己的满足，要认真学习一点东西，必须从不自满开始。对自己，‘学而不厌’，对人家，‘诲人不倦’，我们应取这种态度。”[1]

“学而不厌”、“诲人不倦”，语出《论语·述而》：“默而识之，学而不厌，诲人不倦，何有于我哉?”朱熹注：“三者已非圣人之极致，而犹不敢当，则谦而又谦之辞。”(《论语集注》)意思是说：把所见所闻默记在心，努力学习而不满足，教导他人而不倦怠，这些事情我做到了吗?

学习从不自满开始，是我们应取的学习态度。永不自满，则学习永不止息。正如马克思所说：“任何时候我也不会满足，越是多读书，就越是深刻地感到不满足，越感到自己知识贫乏。”[2]只有永不满足自己的学问，才会有学无止境之感识，才能真正做到学而不厌。古人说：“好问则裕，自用则小。”(《尚书·仲虺之诰》)意思是：勤学好问才能博学多才，故步自封则会孤陋寡闻。

1938年10月，抗日战争进入战略相持阶段，中共中央及时召开六届六中全会，毛泽东在会上作了《论新阶段》的政治报告。他提出：在中华民族处于生死存亡的危急关头，全党同志都要有一种恐慌，一种“本领恐慌”，为此，“共产党员又应成为学习的模范，他们每天都是民众的教师，但又每天都是民众的学生。只有向民众学习，向环境学习，向友党友军学习，了解了他们，才能对于工作实事求是，对于前途有远见卓识”[3]。

毛泽东这样要求全党同志，他自己更是身体力行。毛泽东学问渊博，但他总觉得自己的知识不够，一碰到不懂的东西，总是要立即查阅工具书，或者请教专家，或者找来一些通俗的小册子阅读学习。20世纪50年代中后期，我国进入大规模经济建设时期，为了使中央领导同志了解、学习生产技术和科学知识，国务院有关工业部门相继在中南海瀛台举办了一些展览。毛泽东曾多次前往参观，据记载，1956年4月12日至17日连续六天，7月中有四天，每天下午参观，1958 年 6、7 月间又先后参观四次。7 月 2 日，毛泽东参观一机部的机床展览后，回到住所就要工作人员给他找来《无线电台是怎样工作的》、《1616 型高速普通车床》两本书，供他学习。1959 年 1 月 2 日，苏联发射一枚宇宙火箭。6 日，毛泽东就要了几本关于火箭、人造卫星和宇宙飞船的通俗读物。在读书学习上，毛泽东无止境地追求着，一步一步地开拓自己的知识领域。[4]

毛泽东一生与书为伴，以读书学习为最大乐趣。到了晚年，他的病榻一侧还摆满了大量书籍。眼睛患白内障视力受到影响后，仍然让工作人员把书印成大字本送给他，或让工作人员读给他听，表现了极大的学习志趣。1939 年 1 月，46 岁的毛泽东在八路军延安总兵站检查工作时曾说："我如果再过十年死了，那么就要学九年零三百五十九日。"毛泽东这里说的"三百五十九日"，是按中国农历一年 360 天计算的，意思是读书学习要学到临死的前一天。毛泽东 1976 年 9 月 9 日 0 时 10 分逝世，最后一次读书的时间，有病历记录可查，是 1976 年 9 月 8 日凌晨 5 时 50 分，在医生抢救的情况下读书 7 分钟。这时离他去世仅有 18 个小时。毛泽东真正实践了自己的诺言，可以说，毛泽东离开人世间的那一刻，才是他读书生活结束的时刻。[5]他真正做到了"活到老，学到老"。

学习"从不自满开始"，其本质内涵在于，并不是"不知道"、"不懂得"的东西才去学习，而是自己只要感到"不满足"就去不断地学习、探究。确立"从不自满开始"的学习理念，就是要虚怀若谷，勤奋好学，不耻下问，精益求精。这对于我们平常的工作也具有许多实际的意义。

2006 年，我所在部队两级战役机关展开谋略训练。当时，大家对谋略只有一些模糊的概念，对谋略的本质、内涵及其规律，尤其信息化条件下谋略的地位、作用以及运用原则，还缺乏统一的思想认识和科学有效的理论指导。在这种情况下,我们并没有急于展开学习和训练,而是先抽调有关人员组成谋略问题研究小组,就有关问题展开先行研究。在首长的亲自带领和参与下,经过近半年的集中研究攻关,取得了一些共识,首长并亲自为两级机关做了一场理论辅导,研究小组又在此基础上编撰了《谋略——永恒的制胜之道》一书,作为部队学习谋略的参考教材。本来这项工作可就此告一段落,但不久中央电视台热播的电视连续剧《垂直打击》又给了我们一些新的启发,重新唤起了我们对谋略问题的再思考。

《垂直打击》以空降兵的训练和生活为蓝本,以特战大队与两个反空降师三个回合的对抗演习为主线,展开全方位较量,通过对各种复杂情况的判断及应变处置、欺骗与反欺骗、算计与反算计、隐真示假与以假乱真、声东击西与将计就计、以静制动与以动应敌,展现了 81 师罗师长、86 师曹师长、特战大队杨亿大队长等不同的指挥风格和深厚的谋略素养,也使故事情节更加跌宕起伏、扣人心弦。特别是最后一个回合——特种大队突袭 86 师直升机三分队后,立即"反客为主",用三分队电台向师长报告"军指挥所遭到攻击"的虚假情报,同时以"伏击 86 师指挥部"制造战场紧张氛围,迫使曹师长做出错误判断和决策,接着以"迎接"军首长为掩护,一举达成"斩首"的目的。这一连串的谋略运用不但出乎曹师长意料,也出乎谷军长意料,更出乎观众意料。在意犹未尽、反复回味的同时,也激发了我们关于谋略问题的一些新的思考:一是信息化条件下作战,谋略仍然大有用武之地;二是信息化战争中的谋略运用,必须以熟练掌握信息技术、懂得信息化作战为基础,高度重视并充分发挥信息专家的独特作用;三是提高指挥素质、培养指挥风格,必须加强谋略的学习与训练。谋略素养已成为指挥素质和指挥风格的重要内容。

就这样,我们在学习中不断深化对谋略问题的认识,有关成果及时充实运用于各类文书材料之中，对指导和推动部队的谋略学习与训练发挥了重要作用。

还有一次切身体会。那次，我们随首长下部队调研，谈到基层干部带兵要发扬前辈们“爱兵如子”的光荣传统，不能打骂体罚战士的问题时，首长突然问“爱兵如子”一词出自哪里，有什么内涵？我受领任务后，查阅了相关工具书，做了一些思考，很快给首长提供了这样一段文字说明：

> 爱兵如子，又作“爱民如子”，意思是：爱护士兵和百姓，就像父母对子女一样尽心。语出西汉刘向《新序·杂事一》：“良君将赏善而除民患，爱民如子，盖之如天，容之若地。”史载，战国名将吴起爱兵如子。有个士兵生了脓疮，行军途中疼痛难忍。吴起发现后，立即用嘴把士兵身上溃烂处的脓血吸干，并撕下一片战袍为他包扎好。全军将士深受感动，勇猛杀敌。可见，将帅爱兵如子，才会赢得部属的爱戴，士卒才会“为知己者死”，部队才有凝聚力、战斗力。

之后，首长也没再说什么，但我对这样的说明总不是很满意。虽然不需要再向首长提供补充说明，但总要在自己心里求得心服才行。接下来的一段日子，我一直在心里思考这个问题，并且又翻阅相关资料，终于获得了更深一层的认识。

“爱兵如子”是古代将帅的一种美德，也是一种古老的治军理念。它虽然“爱兵”，但却“像对待儿子一样”，明显带有那个时代“父母官”的封建烙印，有着浓厚的封建色彩。我们的基层干部一般年龄与战士相差无几，有的甚至比战士还小，让他们在带兵过程中“爱兵如子”，老把别人当儿子看待，首先就不尊重人。这样的爱，来自比自己高一两级而年龄相仿的领导，换了我，也会觉得难以接受。

而且更进一步思考，这个问题似乎涉及传统文化在今天如何继承的问题。

我带着这些疑问读书学习，有一次读到冯友兰的《中国哲学史新编》，忽然从中获得启发。冯先生在书中是这样写的：

> 一个道德的行为也是一个殊相，它不可避免地和一个人在当时所处的环境有联系，那个环境包括当时的社会制度和社会规范。道学家们生在封建主义社会，他们所说的道德行为，不可避免地和封建的社会制度、社会规范纠缠在一起。在道德行为中，这也是共相和殊相对立的问题。大公无私是道德行为的共相，它所纠缠的某种社会制度和规范是殊相。共相存在于殊相之中，所以这种纠缠是免不掉的。在这种纠缠之中，道德在过去为封建统治阶级所利用，现在受反封建的革命所批判，这都是历史的辩证发展的后果。但道学家们能指出道德行为的共相，说明了公私之分、义利之辨就是它的内容。在新的历史条件下，公私之分、义利之辨仍然是判断人的行为的最高标准，不管用什么名词把它说出来。[6]

进一步查阅相关资料，我发现冯友兰早在1957年1月8日，就在《光明日报》发表了《关于中国哲学遗产的继承问题》一文，不久又在《哲学研究》上发表《再论中国哲学遗产的继承问题》的文章。冯先生从“抽象意义”与“具体意义”的分别上，提出了“抽象继承”的概念，集中探讨了中国哲学遗产的继承问题。

这给了我很大的启发。“爱兵如子”是封建时代治军理念中的一种“殊相”，即“具体意义”，而它所蕴涵的“共相”即“抽象意义”是“仁爱”精神。我们今天所要继承的正是它的“仁爱”精神这一“抽象意义”。在新的历史条件下，这种“仁爱”精神已经被赋予新的时代内涵，发展为阶级兄弟之间的互爱互助，成为“尊干爱兵”的重要内容。我军是中国共产党领导下的人民军队，是人民的子弟兵，以全心全意为人民服务为唯一宗旨。在军队内部，官兵之间、上级军官与下级军官之间、老兵与新兵之间，政治上一律平等，决无尊卑贵贱之分别。所以今天，我们继承发扬古代将帅“爱兵如子”的“仁爱”精神，正要以一种“爱人如己”的平等待人之心将其发扬光大。

学习，是一个只有起点没有终点的过程。每一项工作任务的启动，每一个重大课题的展开，每一个重要阶段的转换，每一次岗位的调整，每一回环境的变迁，都要从学习开始，从不自满开始，从“本领恐慌”开始，这是防止和避免盲动主义、狭隘经验主义，达到事半功倍的前提和保证。

如今，我们生活在一个知识的时代、学习的社会、竞争的环境，从大的方面讲，当今世界正处在大发展、大变革、大调整时期，世界多极化、经济全球化、文化多样化的格局深入发展，特别是科技进步以及由此衍生的各种观念、理念日新月异，知识创造、知识更新、知识折旧的速度大大加快，学习能力、创新能力越来越成为综合实力和竞争力的核心因素。无论一个国家、一个政党，还是一个组织、一个单位，如果不加强学习、不持续学习，就势必落后于时代。从小的方面说，我们几乎每天都要面对新的情况、接触新的事物、涉足新的领域，前进道路上还会有各种不熟悉、不了解、不懂得的东西出现，所以每天都要从学习开始，从不自满开始，保持一种学习的姿态，在工作实践中重新学习、继续学习，不断提高我们的理论素养、知识水平、业务本领和领导能力，以适应各种环境和任务的挑战。

学无止境，贵在有恒。《诗》云：“如切如磋，如琢如磨。”对于个人，学习其实就是一个自我打磨、自我塑造、自我完善与自我超越的过程。读万卷书，须从读好第一卷开始；行万里路，须从迈好第一步启程。不间断学习，总要从不自满开始。

二 不妨“抽时间工作”

美国传记作家、哈佛大学政治学与国际事务教授罗斯·特里尔，在他著的《毛泽东传》中，这样意味深长地描述开国大典时的毛泽东：“1949 年 10 月 1 日，55 岁的毛泽东步出他的书房，去宣告中华人民共和国成立并亲自升起国旗。”[7]

毛泽东一生手不释卷、嗜书如命。他从四五岁开始发蒙，到 83 岁停止思想，将近八十年时间，无论戎马倥偬，还是日理万机，从未间断过读书学习，很难说他是“抽时间学习”，还是“抽时间工作”。在罗斯·特里尔的笔下，即使是开国大典这样划时代的伟大时刻，毛泽东也是从容地“步出他的书房”，看样子更像是抽时间“去宣告中华人民共和国成立并亲自升起国旗”。

1948 年 11 月，正当淮海战役激烈进行的时候，著名历史学家、清华大学教授吴晗带着新著《朱元璋传》的修改稿来到河北平山拜见毛泽东。毛泽东亲切地会见了他，并表示一定拜读他的大作。11 月 23 日，华东野战军全歼国民党军黄百韬兵团，淮海战役第一阶段胜利结束。24 日，毛泽东复电刘、陈、邓，并告粟、陈、张，对下一作战目标做出明确指示：“(一) 完全同意先打黄维；(二) 望粟、陈、张遵刘、陈、邓部署，派必要兵力参加打黄维；(三) 情况紧急时机，一切由刘、陈、邓临机处置，不要请示。”[8] 由此，淮海战役第二阶段作战方针便确定下来。然而可能很少人知道，就在这同一天，毛泽东还给吴晗写了回信：

> 大著阅毕，兹奉还。此书用力甚勤，掘发甚广，给我启发不

少，深为感谢。有些不成熟的意见，仅供参考，业已面告。此外尚有一点，即在方法问题上，先生似尚未完全接受历史唯物主义作为观察历史的方法论。倘若先生于这方面加力用一番功夫，将来成就不可限量。[9]

吴晗对毛泽东在指挥战略决战的紧张时刻，竟然还有时间和心情读完他的书稿，并提出极富指导性的宝贵意见，感到十分惊讶，也十分感动。后来，吴晗在1965年版《朱元璋传》的自序中说，这些意见使他“在理论上得到了启发”。

所以常有人说，工作太忙，没时间读书学习。试自问：你能比毛泽东还忙？能比解放战争战略决战阶段指挥全国战局的毛泽东还忙？所以拿工作忙来搪塞学习，全是因为立足点出了问题，而以一个冠冕堂皇的借口来敷衍他人并为自己求一个心理上的开脱，如此而已。

新中国成立以后，毛泽东在中南海的住所名为“菊香书屋”。他卧室的床上，一半被码起半尺高的各种书籍占据着。这一奇特现象，是他为适应睡前醒后、一翻身就能随时拿到所要读的书这种长期以来养成的习惯。毛泽东的书房藏有数以万计的书籍，这里既是毛泽东读书学习的地方，也是他会见外国政要的特殊场所。1972年2月21日，毛泽东在“菊香书屋”会见美国总统尼克松。尼克松在日记中记下了他初次会见毛泽东时的印象：

我们被引进一个陈设简单、放满了书籍和文稿的房间。在他坐椅旁边的咖啡桌上摊开着几本书。他的女秘书扶他站起来。我同他握手时，他说：“我说话不大利索了。”每一个人，包括周（恩来）在内，都对他表示他所应得的尊敬。他伸出手来，我也伸过手去，他握住我的手约一分钟之久。这一动人的时刻在谈话的记录里大概没有写进去。他有一种非凡的幽默感。尽管他说话有些困难，他的思维仍然像闪电一样敏捷。这次谈话本来料想只会进行十分钟或十五分钟，却延续了将近一个小时。[10]

在这将近一个小时的谈话中，毛泽东并没有就双方共同关心的重大国际问题与尼克松交换意见，而是主要谈了一些哲学上的问题。对于台湾问题、越南问题、亚洲及世界其他地区局势等这些现实问题，毛泽东却说："这些问题我不感兴趣，那是他（指周恩来）跟你谈的事。"[11]

同年9月27日，毛泽东在这同一个书房里接见了日本首相田中角荣。临别时，毛泽东突然把正在阅读的、做了很多批注的《楚辞集注》共六册收拢起来，送给田中。这是在外交部礼宾司安排之外的一件事情，田中为之惊喜不已，因为这是毛泽东自己的读本，并有很多亲笔批注，弥足珍贵。从书桌上摊开的《楚辞集注》来看，在田中首相进屋之前，毛泽东却正在若无其事地读书呢。

1958年春，中共中央在成都召开经济工作会议。3月9日，会议开始第一天，毛泽东讲话，提出二十几个问题，要大家讨论。10日，毛泽东第二次讲话，一开始就讲到学习问题，他说："学习有两种方法：一种是专门模仿；一种是有独创精神，学习与独创相结合。"[12]3月22日，毛泽东第四次讲话，再次讲到学习与独创问题，脱稿讲了这么一大段：

> 自古以来，创新思想、新学派的人，都是学问不足的青年人。……孔子不是二三十岁的时候就搞起来？耶稣开始有什么学问？释迦牟尼十九岁创佛学，学问是后来慢慢学来的。孙中山年轻时有什么学问，不过高中程度。马克思开始创立辩证

唯物论，年纪也很轻，他的学问也是后来学的。马克思开始著书的时候，只有二十岁，写《共产党宣言》时，不过三十岁左右，学派已经形成了。那时马克思所批判的人，都是一些当时资产阶级博学家，如李嘉图、亚当·斯密、黑格尔等。“历史上总是学问少的人，推翻学问多的人。”章太炎青年时代写的东西，是比较生动活泼的，充满民主革命精神，以反清为目的。康有为亦如此。刘师培成名时不过二十岁，死时也才三十岁。王弼注《老子》的时候，不过十几岁，死时才二十二岁。颜渊死时只三十二岁。青年人抓住一个真理，就所向披靡，所以老年人是比不过他们的。梁启超青年时也是所向披靡。[13]

一个党的经济工作会议，毛泽东却插了这么一大段学习和学问上的话题，这已经成为毛泽东的一种工作和学习的风格。它至少可以说明两个问题：一是充分展示了毛泽东信手拈来援古论今的渊博学问；二是寓意做任何工作都不能陷于单纯的事务主义，而要有超脱其上的学习空间，尤其是学习的心理空间。

就在这次成都会议上，毛泽东还提议创办党的理论刊物，中央办一个，各省都办一个，以活跃党内思想，在领导干部中形成带头学理论、想大事、抓大事的风气。会议期间，毛泽东还选了一些有关四川的古诗词，印发给大家，其中有李白的《蜀道难》、杜甫的《咏怀古迹五首》、王勃的《杜少府之任蜀州》、李商隐的《马嵬》等。要大家读点诗词，长点知识。毛泽东从古诗词谈到民歌，说：印了一些诗，尽是老古董，搞点民歌好不好？他要各地负责同志回去收集一点民歌，搞几个试点，每人发三五张纸，写写民歌，不能写的找人代写。限期十天收集，下次会议印一批出来。毛泽东还从民歌讲到中国诗歌发展的出路问题，认为中国诗的出路，第一是民歌，第二是古典，在这个基础上产生出新诗来。形式是民族的，内容是现实主义与浪漫主义的对立统一，太现实了就不能写诗了。[14]

毛泽东最不喜欢有些人在业余时间里，把精力用在打麻将、打扑克、喝酒、跳舞上，他说：这些东西“我看不好。应当把工作以外的剩余精力主要放在学习上，养成学习的习惯”[15]。他还说：“我一生最大的爱好是读书”，“饭可以一日不吃，觉可以一日不睡，书不可以一日不读”[16]。

工作与学习历来是一对矛盾，即所谓“工学矛盾”。它是困扰很多领导和机关人员的一个经常性的问题，不过也常常成为一些人应付学习的一个冠冕堂皇的借口。工学之间的矛盾，主要表现在时间和精力上的排他性。在20世纪七八十年代，发扬雷锋“钉子精神”、挤时间学习，几乎成为全社会的口号和导向。为什么要挤时间学习？从哪里挤时间学习？因为工作很忙，人们不得不努力地从繁忙的日常工作中挤出点滴时间用于学习。所以挤来挤去，会挤的就能在工作之余也学点东西，而不会挤的或者不愿意真挤的人就仍然是跑跑颠颠、忙忙碌碌。

英国教育学家、播音员、商业顾问查尔斯·汉迪在《非理性时代》一书中算了一笔账。他说：20世纪40年代，也就是上一辈人，平均一生花在实际工作上的时间为10万小时，而到2000年前后，也就是我们这一代人，至少在发达国家，人们一生用在实际工作上的时间只需5万小时。按现在人的平均寿命至少为70岁，总数超过60万小时，如果睡20万小时、工作5万小时，那么其余35万小时干什么呢？无疑要花在教育、休闲、旅游、嗜好和其他活动上。[17]当然包括作为一种个人爱好的读书学习。另一位著名学者威廉·温辟辛格在1990年代曾大胆预言：“30年以后，只需要世界现有劳动力的2%来进行生产就能满足所有人需要的物品。”[18]果真如此，那么其余98%的人干什么呢？无疑将主要从事非生产性的工作，比如服务性行业。这就表明在现在或不久的将来，直接从事生产性工作的人会越来越少，直接从事生产性工作的时间也会越来越少。这就是我们这个时代的重要特征，即所谓“学习型时代”，或“休闲型时代”。

在生产型时代，我们常常感慨工作很忙，没时间学习，所以才要“抽时间学习”。

在学习型时代，我们有理由说学习很忙，没时间工作，所以才要“抽时间工作”。

确立“抽时间工作”的学习理念，你会发现，有些工作尽管搞得轰轰烈烈，“干得很好”，但不干似乎更好。因为任何一项工作成绩的取得，都必然以资源消耗为代价，包括人力、物力、财力、精力以及领导力等。而“资源”总是有限的，一个地方倾注多了，另一些地方的投入必然就要减少。所以科学发展的实质，不是不计代价、不讲成本，而是要以尽可能少的资源消耗来求得尽可能大的成绩，追求最大效益。讲成本求效益、有重点谋平衡、抓当前谋长远、抓局部顾全局，应当是科学发展的应有之义。那些看起来“干得很好”、实际上“不干更好”的工作，其实是一些人为在领导面前“图名挂号”而“折腾”出来的。所以要真正做到“不折腾”，其实并不容易。

抽时间工作，不是要忽视现实工作，而是要学会“用减法”谋划工作，既懂得“有所为”来推动建设，又懂得“有所不为”来促进发展；学会用科学发展的理念和方法来抓工作，做到在次要的、庞杂的、可干可不干的工作和活动上，尽可能节约时间、节约人力、节约资源，多一些时间和精力用来学习、思考和筹划，做到“想好了再干”，把真正有利于全面建设发展的重点工作突出出来，使建设更有成绩，使发展更有效益。

抽时间工作，就是要以学习为主线，抽时间处理业务、抽时间接待应酬、抽时间做学习以外的一切事，做到“有事干事，没事看书”，不折腾、不磨唧。就是要通过学习提高能力和素质，包括认识水平、思维能力、思想素质以及业务工作所需的各种执行、操作和技术能力，从而提高工作效率和效益。

以学习为主线，抽时间工作，还会有很多意外的收获。当读书学习成为生活的主旋律，你会精神充实，你会忘却烦恼，你会品位高雅。

三 体会用“心”学习

学习型组织的一个显著特征，就是在“组织工作”的同时，更加重视、强化和发挥“组织学习”的功能。我们先来看看某机关制定的理论学习“十项规定”：

> 一、各部门一把手为理论学习第一责任人，职能部门为组织落实理论学习的指导部门。
>
> 二、学习期间除陪同或参加上级机关组织的工作组外，各部门一律不得下派工作组。
>
> 三、严格落实请假制度，处以上领导报大部首长批准，处以下人员报部门一把手批准。
>
> 四、读书、讨论必须集中组织，上午不少于三小时，下午不少于两个半小时。
>
> 五、各部门建立学习考勤签到本，每次学习由各部门负责普点，大部负责抽点。
>
> 六、上课时，严禁无故缺课、迟到早退、衣冠不整、坐姿不端、随意走动、交头接耳、打瞌睡，从事接打电话、发手机短信、

看课外资料等与听课无关的事项。

七、对因值班、出差、休假、调学等原因没有参加理论学习的缺漏课人员，以部门为单位集中组织补课。

八、职能部门成立学习督查小组，采取不打招呼、现场录像的方式，对各部门学习落实情况进行检查。

九、对违反学习规定的人和事，及时进行通报批评，相关人员在部门干部大会上做检查。

十、建立机关人员理论学习档案，处以上领导交职能部门备存，处以下人员各部门自行备存。

应该说，这个"十项规定"把机关的"组织学习"功能已经发挥得淋漓尽致。签到、补课、做笔记、写体会，检查督导、落实责任制，等等；组织轰轰烈烈的学习教育活动，不断掀起学习活动的新热潮，等等。这些动作，对于学习型机关、学习型组织建设，无疑是有利的和十分必要的；也是各级组织在学习型组织建设中体现有所作为的主要形式。

但对于个人，对于学习效果，仅仅靠组织几次学习活动或掀起几个学习热潮，这种"在左脑上使劲"的做法，就够了吗？显然是远远不够的。毛泽东曾作过一幅关于读书学习的对联，表明了他的学习态度：

贵有恒，何必三更起五更眠；

最无益，只怕一日曝十日寒。[19]

他还多次强调，学习、研究"必须实事求是、独立思考，不能让自己的脖子上长别人的脑袋"[20]。

基于学习效果，必须在各级各类学习型组织中自觉塑造学习型个体，不但要学会用脑学习，还要学会用"心"学习。

1938，梁漱溟访问延安。毛泽东在延安窑洞里与他进行了长谈。

民国初年的文化"怪杰"辜鸿铭，在《中国人的精神》一书中曾做过一个形象的比喻，他说：

> 中国人具有惊人的记忆力。其秘密何在？就在于中国人是用心而非用脑去记忆。用具有同情力量的心灵记事，既柔且黏，如胶似漆，远胜于用既干且硬的大脑或理解力去记。举例来说，我们当中的绝大多数人童年的记忆要强过成年，原因就在于儿童就像中国人一样，是用心而非用脑去记忆。

他又举例说："那些生活在中国的外国人，其儿童和未受教育者学习中文比成年人和受过教育者要容易得多。原因何在？就在于儿童和未受教育者是用心灵来思考和使用语言。相反，受过教育者，特别是受过理性教育的现代欧洲人，他们是用大脑和智力来思考和使用语言的。"[21]用心而非用脑去学习，就是要"自主学习"、"自觉学习"，学会"以自己的方式学习"，把学习融入自家生命之中。

著名哲学家、教育家、社会活动家梁漱溟(1893—1988)，年轻时未受过任何高等教育，完全靠自学得以成才，在 24 岁就进入北京大学担任印度哲学的讲席。他一生致力于研究儒家学说和中国传统文化，造诣颇深。他曾在《我的自学小史》中这样写道：

> 学问必经自己求得来者，方才切实有受用。反之，未曾自求者就不切实，就不会受用。俗语有"学来的曲儿唱不得"一句话，便是说：随着师傅一板一眼地模仿着唱，不中听的。必须将所唱曲调吸收融会在自家生命中，而后自由自在地唱出来，才中听。学问和艺术是一理：知识技能未到融于自家生命而打成一片地步，知非真知，能非真能。真不真，全看是不是自己求得的。一分自求，一分真得；十分自求，十分真得。"自学"这话，并非为少数未得师承的人而说；一切有师傅教导的人，亦都非

自学不可。不过比较地说，没有师承者好像“自学”意味更多就是了。

像我这样，以一个中学生而后来任大学讲席者，固然多半出于自学。还有我们所熟识的大学教授，虽受过大学专门教育，而以兴趣转移及机缘凑巧，却不在其所学本行上发挥，偏喜任教其他学科者，多有其人；当然亦都是出于自学。便是大多数始终不离其本学门的学者，亦没有人只守着当初学来那一些，而不是得力于自己进修的。我们相信，任何一个人的学问成就，都是出于自学。学校教育不过给学生开一个端，使他更容易自学而已。青年于此，不可不勉。

…………

所谓自学，应当就是一个人整个生命的向上自强，要紧在生活中有自觉。单是求知识，却不足以尽自学之事。在整个生命向上自强之中，可以包括了求知识。求知识盖所以睿发我们的智慧识见；它并不是一种目的。有智慧识见发出来，就是生命向上自强之效验，就是善学。……有人说“活到老，学到老”一句话，这观念最正确。这个“学”显然是自学，同时这个“学”显然就是在说一切做人做事而不止于求些知识。

……总之，向上心是自学的根本；而所有今日的我，皆由自学得来。古书《中庸》上有“虽愚必明，虽柔必强”两句话，恰好借用来说我个人的自学经过。[22]

梁老先生的所谓自学，内涵是十分丰富的。它不但是指自己学、自由学，更要自觉学，而怀着一颗“整个生命的向上自强”的心，则是自学的根本。在自学中体悟到一种适合于自己的方式，则是“善学”的真谛。

学习,对于个人,不但要用力,还要用脑,更要用心。就是要付出心血,融入生活,改变生命轨迹。这是在学习型组织中塑造学习型个体的根本方法。

四 突破"学以致用"

我们常说,学习的目的全在于应用,即所谓"学以致用"。这一主张,最初出自明清之际的两位大学者。

明末清初的著名学者顾炎武(1613—1682),是一位反清复明的斗士和学问广博的思想家。他少年时参加复社,反宦官权贵斗争。清兵南下后,他又在家乡江苏昆山一带参加抗清起义。起义失败后,他致力于实业救国,先后十次拜谒明陵,遍游华北各地,所到之处无不深入了解民俗,搜集材料,尤其致力于边防和西北地理的研究,垦荒种地,纠合同道,不忘复兴汉人江山。在学问之道上,他提出"引古筹今"以为"经世之用"的主张,反对宋明以来空谈"心、理、性、命"的理学风气,提倡"经世致用"的实际学问,强调"学问须有益于国事"。

顾炎武的主张,受到另一位大学问家黄宗羲的充分肯定和大力支持。比顾炎武年长三岁的著名思想家黄宗羲(1610—1695),年轻时受其父遗命问学于心学家刘宗周(1578—1645)。刘宗周是宋明理学后期的关键性人物,是阳明心学学派的三大儒之一,即创教者王阳明、修正者刘宗周、转型者黄宗羲。黄宗羲还参与领导复社成员坚持反宦官权贵的斗争,几遭残杀,在这些成员当中就有顾炎武,那时他俩并肩战斗。清兵南下后,黄宗羲又招募义兵,成立"世忠营",进行武装抵抗。明亡后,隐居著述,屡次拒绝清廷征召。他学问极博,对天文、算术、乐律、经史百家以及释道之学,无不深入研究。尤其在史学上成就最大，所著《宋元学案》、《明儒学案》成为中国最早的哲学断代史，开清代史学研究之先河。文化方面，他认为“经术所以经世，方不为迂儒之学”，强调文学必须反映现实，表达真情实感。

学以致用，反映了学习前对于学习内容的甄选原则。一方面，要根据“用”的需要来选择“学”的内容；另一方面，又要把“学”到的东西尽可能“用”起来，在实践中发挥其实际效用，同时检验“学”的质量和效益，并及时调整学习方向，做到“不知则问，不能则学”，从而实现学以致用，用以促学，学用相长。

土地革命战争时期，“左”倾教条主义占据着党的领导地位，毛泽东的正确主张得不到贯彻实行，而教条主义领导者动不动就引经据典，说马克思、列宁是如何如何说的。毛泽东为了坚持自己的正确主张，说服党内的同志，发愤学习马列著作。为了寻找殖民地、半殖民地国家如何进行民主革命以及由民主革命向社会主义革命转变的理论，毛泽东尤其注重从列宁的著作中学习和吸取马克思主义哲学思想。1965 年 4 月 21 日，毛泽东在同中南局负责人的谈话中曾说，他是先学列宁的东西，后读马克思、恩格斯的书。据延安时期给毛泽东管过图书的史敬棠回忆，毛泽东在延安经常读列宁的《两个策略》、《“左派”幼稚病》等书。而据《彭德怀回忆录》记载，也提到这两本书：

(1933 年)接到毛主席寄给我的一本《两个策略》，上面用铅笔写着(大意)：此书要在大革命时读着，就不会犯错误。在这以后不久，他又寄给一本《“左派”幼稚病》，他又在书上面写着：你看了以前送的那一本书，叫做知其一而不知其二；你看了《“左派”幼稚病》才会知道“左”与右同样有危害性。前一本我在当时还不易看懂，后一本比较易看懂些。这两本书，一直带到陕北吴起镇，我随主席先去甘泉十五军团处，某同志清文件时把它烧了，我当时真痛惜不已。[23]

从彭德怀的叙述中可以看出，当时的毛泽东结合中国革命的实践经验，对列宁的这两本书有了深刻的理解。一方面，他从理论上认识到大革命失败的原因，就主观方面说，是陈独秀犯了放弃无产阶级对民主革命领导权的右倾投降主义错误；另一方面，从理论上认识了王明"左"倾路线对革命的严重危害性。到延安以后，为了系统总结中国革命的经验，也为了从理论上清理王明"左"倾路线的错误，毛泽东广泛收集并发愤攻读马列主义书籍，包括马、恩、列、斯的原著和阐述马克思主义哲学、经济学的著作。从毛泽东在延安时期圈画、批注的马列著作可以看出，毛泽东当时阅读的马列著作主要有《资本论》、《社会主义从空想到科学的发展》、《列宁选集》、《国家与革命》、《理论与策略》、《马克思、恩格斯、列宁、斯大林论艺术》等，为数虽然不多，但足以看出毛泽东如何把马列主义的基本观点运用到中国革命实际、如何用马列主义基本理论总结中国革命经验的某些思考。

解放战争时期，毛泽东为了当时的革命需要，又重新阅读了《国家与革命》和《"左派"幼稚病》这两部著作。在《国家与革命》的封面上，毛泽东亲笔写上"毛泽东　一九四六年"，在扉页上注明"一九四六年四月廿二日在延安起读"。毛泽东读这本书的时候，国民党正在积极准备发动全面内战，国内革命战争已不可避免，用革命的暴力推翻、消灭反动统治的国家机器，已是决定中华民族前途命运的头等大事。毛泽东正是在这样的历史背景下，结合中国共产党人肩负的历史使命，重温列宁这部《国家与革命》重要著作的。他从中汲取理论的力量，使中国革命沿着正确的方向前进。1948 年 4 月，人民解放战争正在乘胜前进，为了克服革命队伍内部存在的无纪律和无政府状态，保证革命战争的彻底胜利，毛泽东重读《“左派”幼稚病》第二章“布尔什维克成功的基本条件之一”，并在书的封面上写了一段批语：

请同志们看此书的第二章，使同志们懂得必须消灭现在我们工作中的某些严重的无纪律状态或无政府状态。

毛泽东

一九四八年四月廿一日

一个多月后的6月1日，当时的中宣部正式发出毛泽东这一指示，要求全党学习《“左派”幼稚病》第二章。

新中国成立后，在党的工作重心转到大规模经济建设的时候，1954年，毛泽东又一次阅读《资本论》，以后又多次读《政治经济学批判》、《列宁有关政治经济学论文十三篇》等经济学经典著作。[24]充分体现了“学以致用”的原则。

“学以致用”的原则本身并没有问题，只是现在它常常被一些狭隘的经验主义者们用来支持急功近利的目的和行径。所谓“学习的目的，全在于应用”这一句，也常常被人曲解、误解，甚至故意做狭义理解和解读。照一些人的看法，学习的目的全在于应用，那么不直接用的或者当下用不着的东西，当然也就不需要学了。如果学了呢，那自然就成“不务正业”了。

比如，做秘书保障工作、通信工作、机要工作、保密工作的，那就要专心致志于从事这些工作、学习和研究与这些工作有关的东西，如果你还去学什么战争史、搞什么历史文化、研究什么军事理论，或者弄些琴棋书画之类“旁门左道”的艺术，那就是“不务正业”。

其实，抱着这种看法的人，一定是不学习和不爱学习的。因为他们连基本的逻辑学原理也不明白。所谓“不务正业”，是一定要看他的“正业”务得如何的，而不能因为他务了“副业”，或者在“副业”上出了更大的成绩，就“推理”出他一定“不务正业”了。比如，做机要工作的，他机要业务十分过硬，十几年如一日在机要岗位默默奉献，从未出过任何差错。忽然有一天，他出版了一部诗集，或者一部关于战争的学术专著，你能说他“不务正业”吗？其实，你充其量只能说他“还务了副业”，至于“正业”务得怎样，还必须看一看他的机要业务工作这个“正业”本身。

且不说我们长期以来一直倡导的“复合型”人才发展战略，单就我们每个人的多重身份和角色，也不能用一个狭隘的工作岗位的所谓“应用”需要，来限定我们“学习的目的”。比如，作为人，我们必须学习做人的道理，学会待人、处事，加强心性修养；作为共产党人，就要学习马列主义，学习党的历史和思想理论，学习掌握科学的世界观、方法论；作为国家公务人员，还要学习政治学、社会学、经济学、金融学以及市场经济理论；作为军人，还必须学习军事知识、信息化军队建设理论和作战理论，提高军事本领；作为领率机关的参谋人员，还要学习战略、战役理论，学习战略思维、军事科技以及各种业务工作所需的业务知识和技能，如此等等。而且我一直坚持认为，作为一名军人，尤其高级领率机关的人员，无论处在哪一个具体的工作岗位，只要我们还穿着军装，学习军事、研究战争、揭示战争的本质及其规律，以至驾驭战争，都应当是我们最大的“本职”、最高的“正业”。

所以我们说，学习的目的，还要努力突破“学以致用”的狭隘范畴，从更大的范围汲取营养。

著名历史学家顾颉刚在谈到读书学习的问题时说：

以前的人因为成见太深了，只把经史看做最大的学问；经史以外的东西都看做旁门小道。结果，不但各种学问都被抑遏而不得发达，并且由于各种学问都不发达，就是经史的本身也是不能研究得好。近来大家感到国弱民贫，又以为唯有政治经济之学和机械制造之学足以直接救国的，才是有用之学，其余都是无关紧要的装饰品。这个见解也是错误的。学问的范围何等样大，凡是世界上的事物都值得研究，就是我们人类，再研究一万年也还是研究不尽。至于应用的范围却何等样小，方向是根据我们所需要而走的。昨天需要的东西，今天不要了，就丢了。今天需要的东西，明天不要了，也就丢了。若是为了应用的缘故，一意在应用上着力，把大范围忘了，等到时势一变，需要不同，我们岂不是剩了两只手呢！我们不能一味拿有用无用的标准来判定学问的好坏；就是某种像是没有用的学问，只要我们有研究的兴趣，也是可以研究下去为我们所用的。[25]

"学问的范围何等样大"，而"应用的范围却何等样小"，"若是为了应用的缘故，一意在应用上着力，把大范围忘了，等到时势一变，需要不同，我们岂不是剩了两只手呢"！史学家精辟入微的警示，当令我们深思，并在学习时引为警戒。

其实，学习的目的决不仅仅在狭隘的应用上，比如学习哲学，著名哲学家冯友兰在谈到哲学的用途时说：

哲学对客观事实并不提供任何信息，因此，哲学对现实问题并不试图去具体地解决。……从"实际"的观点看，哲学无用，但哲学可以给我们一种有用的观点。在《庄子·外物》篇中，把它称做"无用之用"。[26]

冯友兰将哲学与科学做了比较，指出："科学可以增加人的积极知识，但不能提高人的境界。哲学可以提高人的境界，但不能增加人的积极知识。”因此，“哲学的作用就是提高人的精神境界”[27]。

美国著名学者维尔·杜兰特（1885—1981），在其《哲学的故事》中也探讨了哲学的用途问题。他说：“哲学之所以看起来迷惘彷徨、驻足不前，是因为她总是把胜利的果实留给自己的女儿——科学，自己却永不满足地踏上探索未知领域的征程。”“每当一个研究领域产生了可以用精确的公式来表示的知识时，它就进入了科学的行列。每一门科学都是以哲学开始，以艺术告终的。它起源于假设，而结束于累累的硕果。”“科学教会我们怎样救命，怎样杀人；它一点一滴地降低了死亡率，然后又在战争中把我们一下子统统消灭。……科学给予我们知识，然而只有哲学才给予我们智慧。”[28]这表达了与冯友兰几乎相同的观点。

其实，学习和教育的目的，从来都是双重的，即“教书”和“育人”。明清之际的顾炎武在主张“经世致用”的同时，也认为“六经之旨与当世之务”应该结合起来，他并提出“博学于文”、“行己有耻”两句古训，肯定作为文化人对于社会历史的探讨和操守气节的砥砺同样重要。冯友兰于“文革”结束以后，运用马克思主义的立场、观点和方法重写中国哲学史，对“哲学的作用”问题进行了重新修正，指出：“总起来说，哲学的作用有两方面，一是锻炼、发展人的理论思维的能力，一是丰富、提高人的精神境界。”[29]

中国共产党历来强调以“德才兼备”的标准塑造人。而德、才两个方面的造就和提升，又必须通过教育学习和历练才能实现。学习的目的，至少应当包括提高能力和提升素养两个方面，确实不能用“学习的目的全在于应用”这样一个极其功利的东西，来导向和牵引我们的学习。

五 少喝酒，多喝茶

酒文化与茶文化，源远流长，却与学习和“文化”问题息息相关。

酒起于何时，源自何处，已不可考。在中国，相传夏禹时期的仪狄发明了酿酒。先秦史书《吕氏春秋》记载：“仪狄，作酒。”另一则传说认为酿酒始于夏朝的杜康。东汉《说文解字》关于“酒”字的条目中，有“杜康作秫酒”的注释。《世本》也有同样的说法。再一种传说表明在黄帝时代人们就已开始酿酒。汉代成书的《黄帝内经·素问》中记载了黄帝与岐伯讨论酿酒的情景。《黄帝内经》还提到一种古老的酒——醴酪，即用动物的乳汁酿成的甜酒。不过，《黄帝内经》乃后人托名黄帝之作，其可信度尚待考证。对于这些传说，宋代《酒谱》曾提出过质疑，认为“皆不足以考据，而多其赘说也”。这虽然不足以考据，但作为一种文化认同现象，仍然值得参考。

酒，在人类文化的历史长河中，不仅是一种客观的物质存在，而更重要的是它已凝聚成一种文化现象。因醉酒而进入一种超自由状态，是文人骚客摆脱束缚获得艺术创造力的重要途径。德国哲学家尼采认为，醉酒寓示着情绪的发泄，是抛弃传统束缚回归自然状态的生存体验，可在消失个体与世界合一的绝望痛苦的哀号中获得生的极大快意。翻开中国文化艺术史，随处可见酒文化精神舞蹈的活剧。南宋诗人张元年说：“雨后飞花知底数，醉来赢得自由身。”酒醉而成传世诗作的例子，在中国诗史中俯拾皆是。“李白斗酒诗百篇，长安市上酒家眠，天子呼来不上船，自称臣是酒中仙。”（杜甫：《饮中八仙歌》）杜甫“醉里从为客，诗成觉有神”（《独酌成诗》）。苏轼、陶渊明“俯仰各有志，得酒诗自成”（苏轼：《和陶渊明〈饮酒〉》）。不仅作诗如此，在绘画和书法中，酒的精灵更是活泼万端。郑板桥的字画不易得到，就有欲求字画者拿着狗肉与美酒上门款待，在郑板桥的醉意中常可如愿。郑氏曾作诗自嘲:“看月不妨人去尽,对月只恨酒来迟。笑他嫌素求书辈,又要先生烂醉时。”“画圣”吴道子作画前必酣饮大醉方可动笔,醉后为画,挥毫立就。“元四家”中的黄公望也是“酒不醉,不能画”。“书圣”王羲之醉时挥毫而作《兰亭序》“遒媚劲健,绝代所无”,而至酒醒时“更书数十本,终不能及之”。“草圣”张旭“每大醉,呼叫狂走,乃下笔”,于是有其“挥毫落纸如云烟”的《古诗四帖》。苏东坡一生与酒结下不解之缘,他的不少书画、诗词、文赋,都散发着美酒的芳香,他不但好饮酒,且是一名酿酒专家。他还撰有专著,论及酿酒工艺。

然而,因醉酒而失态失事的例子,在古代文人中也是屡见不鲜。魏晋名士阮籍到邻家酒垆饮酒,喝醉了就躺在漂亮、可人的卖酒少妇身旁睡觉,丝毫不知羞臊,而少妇的夫君也无可奈何。陶渊明在家与客相饮,醉意袭来,便对客人说:“我喝醉了,要去睡觉,你可以走了。”李白自夸“三百六十日,日日醉如泥”,这种浸润着酒意的酣畅也伴随这位“诗仙”最终走到了生命尽头。史载:李白一日“着宫锦袍,游采石江中,傲然自得,旁若无人,因醉,入水捉月而死”(《唐摭言》)。

劝酒是酒文化中的重要内容。古人劝酒还发展为独具特色的酒令文化。但也有对劝酒持不同意见的。清人黄周星在《苦劝》中把饮酒人分为三种:一种是善饮者,这种人往往不待劝便会自饮;第二种是不沾酒的人,这种人无论怎么劝也不会喝,所以还是不必劝;第三种是能饮而不饮的人,这种人才是劝酒的对象。但是,既然这些人能饮而不饮,已经谈不上真率,又何必去劝酒呢?明人陈龙正言辞更为锐利,他说,只有“市井仆役”才会“以逼为恭敬,以虐为慷慨,以大醉为欢乐”。如果“士人而效斯习”,必定是“无礼无义,不读书者”。“君子饮酒,率真量情。文士雅儒,盖有斯矣。”所谓“率真量情”实际上是一种坦诚透彻的生命。

与文人骚客酒文化不同的是，为政者对酒多半持谨慎警戒的态度。《战国策》中记载：仪狄做酒，禹饮而甘之，曰“后世必有以酒亡其国者”！遂疏仪狄，而绝旨酒。《孟子·旨酒章》(朱[熹]注)中说“旨酒”就是美酒。到了商朝末年，商纣王果然因沉湎于酒色而亡国。这个教训对于刚刚夺得天下的周王室来说是太深刻了。所以周武王的弟弟、曾一手助武王灭商的周公旦，对受命坐镇旧殷地的弟弟康叔不太放心，就以摄政王的名义发布了一道《酒诰》。这是我国现存最早的“禁酒令”，时间大约在公元前1041年前后。《酒诰》中明确规定“祀兹酒”，“饮唯祀”。意思是说，只有在祭祀的时候才能用到酒，祭祀结束后才可以饮酒。又说“矧汝刚制于酒”，“勿辩乃司民湎于酒”！意思是，你们要采取刚性措施强行戒酒，不要使你所统治的臣民喜好饮酒。

与酒文化相辉映的是茶文化。

中国是茶的故乡，茶文化早已风靡全球。这不仅是因为喝茶对人体有很多益处，更因为品茶乃是一种优雅的艺术享受。在英国，茶被视为美容、养颜的饮料，从宫廷传到民间后形成了喝早茶、午后茶的时尚习俗。博学的勃莱迪牧师称茶为“健康之液，灵魂之饮”。在法国人眼里，茶是“最温柔、最浪漫、最富有诗意的饮品”。在日本，茶被视为“万病之药”，日本人在长期的饮茶实践中还创造了一种优雅的文化艺能——茶道。在中国，茶被誉为“国饮”。“文人七件宝，琴棋书画诗酒茶”，茶通“六艺”，是中国传统文化艺术的载体。

茶的历史久远，唐代陆羽著《茶经》，说：“茶之为饮，发乎神农氏，闻于鲁周公。”不过，秦汉以前的茶，主要作为药用，疗小儿无故惊厥，利小便，去痰解热。西晋时虽然开始有饮茶者，但大多士人还不惯饮茶，以致把饮茶当做“水厄”，类似于今天的“拼命吃河豚”。而北朝的士人，则视茶为“酪奴”，意思是奶酪的奴隶，耻不相食。

“茶兴于唐，盛于宋。”陆羽的《茶经》是中国茶文化的奠基之作，对以“兴味”为中心的中国古代士人，茶文化更有极大的推动力。宋元之际的方回说：“茶之兴味，自唐陆羽始。今天下无贵贱，不可一晌不啜茶……而士大夫尤嗜其品之高者。”正因为如此，陆羽被尊崇为“茶神”、“茶圣”、“茶仙”。

宋代以后，茶文化日益精致，成为士人生活中不可缺少的内容。明人沈周说：“自古名山留以待羁人迁客，而茶以资高士。”明人高濂说：“香茗为用，其利最溥。物外高隐，坐语道德，可以清心悦神；初阳薄螟，兴味萧骚，可以畅怀舒啸；晴窗拓帖，挥尘闲吟，篝灯夜读，可以远辟睡魔；青衣红袖，密语谈私，可以助情热意；坐雨闭窗，饭余散步，可以遣寂除烦；醉筵醒客，夜语蓬窗，长啸空楼，冰弦戛指，可以佐欢解渴。第焚煮有法，必贞夫韵士，乃能究心。”在中国文人的心目中，品茗乃是一种生活情趣，一种审美追求，一种士人独有的文化生活，空灵淡泊，优雅脱俗，都可在一杯清茶中品味得到。

茶文化以茶为载体，以体现中国传统思想道德、人文精神为宗旨。茶道是茶文化的核心。对于茶道的思想内涵，《茶经》中说：“茶之为用，味至寒，为饮，最宜精行俭德之人。”意思是通过饮茶，陶冶情操，修养心性，使精神升华、行为美好、生活俭朴、品德高尚。

唐代诗人白居易终日、终生以茶为伴。他不但爱饮茶，而且善于分别茶之优劣，有“别茶人”之称，更留下了不少千古传诵的茶诗。“夜茶一两杓，秋吟三数声”，“或饮茶一盏，或吟诗一章”，他认为茶可以激发文思，引发诗兴。他曾在庐山香炉峰盖了一座草堂，并开辟一圃茶园，“长松树下小溪头，斑鹿胎巾白布裘。药圃茶园为产业，野鹿林鹤是交游。云生涧户衣裳润，岚隐山厨火竹幽。最爱一泉新引得，清冷屈曲绕阶流”。悠游于山林之间，与野鹿林鹤为伴，品泉水所泡茗茶，真乃人生快事。

现代作家周作人有一篇《喝茶》的散文，其中写道：

> 我所谓喝茶，却是在喝清茶，在鉴赏色与香味，意未必在止渴，然更不在果腹了。……喝茶当于瓦屋纸窗下，清泉绿茶，用素雅的陶瓷具，同二三人共饮，得半日之闲，可抵十年的尘梦。

读这淡雅的文字，一缕清芬幽雅的茶香便悄然袭来，细细分辨，在那撩人情思的茶香中，却萦绕着读书人淡泊闲适的情趣。鲁迅也曾深有感触地说："有好茶喝，会喝好茶，是一种清福。"文人清饮，以客少为贵。明书画家陈继儒在《茶董小序》中说："独饮得茶神，两三人得茶趣，七八人乃施茶耳。"

尽管文人、骚客们诗文艺术创作的巅峰状态常常借助酒兴来激发灵感，但他们在悬梁刺股、凿壁借光、寒霜苦读时一定是远离酒而亲近茶的。

喝茶常常也是读书人、文人相聚的首选。哲学家冯友兰在他的学术自传中写了这样一件事：

> 1933年我在英国，到剑桥大学去讲演，碰见维特根斯坦。他请我到他住的地方去吃下午茶，颇觉意味相投。当时没有谈什么专门问题，但是谈得很投机。我觉得他也是对不可思议、不可言说的问题有兴趣。不过维也纳学派把哲学当成一种语言或科学方法论的问题，而我则认为它讲的是哲学。为要说明这个意思，就写了一点东西。[30]

冯友兰这里所说的"写了一点东西"，就是他的"贞元六书"之一的《新知言》，是讲哲学方法论问题的代表作。而这一著作的缘起，却是在与著名哲学家维特根斯坦的一次喝茶聊天时获得的启发。虽然在英国剑桥的所谓下午茶，未必有中国茶的那种醇香韵味，但至少肯定没有烈性酒的刺激。

钱穆(1895—1990),是20世纪中国学术史上具有特殊经历的史学大家、国学大师。他1912年始为乡村小学教师,后历中学而大学,先在燕京大学,继在北京大学任教。1933年秋,钱穆在北大独自担负起以前要由多人分别担任的中国通史课。为了认真准备即将开讲的中国通史,开学前四五天开始,钱穆每天午后都要到故宫附近的太庙,在庙侧草坪的茶座前择一佳处,一把藤椅,一小茶几,沏一壶茶,反复思考通史的讲授提纲,“每于半日中斟酌决定明日两小时之讲述内容。除遇风雨外,一年之内,几于全在太庙古柏荫下,提纲挈领,分门别类,逐条逐款,定其取舍。终能于一年内成其初志。上自太古,下及清末,兼罗并包,成一大体”[31]。通史全部课程纲要即在此一边饮茶,一边写定。

近年,山东人民出版社编辑出版了一系列叫做《历史学家茶座》的读物,据说在它之前已经有了经济学家、法学家和社会学家的所谓“茶座”。这种“茶座”的取名十分形象,也很有韵味。读书人在一起品茶、聊天,是只有“茶座”才能胜任的,酒吧、咖啡馆难免会使其变味或走味。

生活中,能经常一同品茶的往往能成为知己,而一起喝酒的常常第二天就互不相识,形同陌路。这是常有的事。三两知己的茶座,或者形单影只的独饮,自能得其中之乐。毕竟饮茶是一件雅事。我曾给一位茶友在我的拙作上签过这样一句话:“读书就如喝茶,用心去品才有味道。——书与某君一同品茶。”

当下,酒文化、茶文化已经成为人们日常生活中不可或缺的内容。朋友相聚、迎来送往、接待应酬,是各类组织、各级机关尤其各级领导的一项经常性的活动,甚至也被作为一项重要工作,每逢此时,或酒或茶总是少不了的。

方園不盈畝蔬卉頗成列分溪免甕灌補籬防豕
蹢蕪草稍焚薙清雨夜來歇濯濯新葉敷熒熒夜
花發放鋤息重陰舊書漫披閱倦枕竹下石醒
望松間月起來步間謡晚酌簷下設盡醉即草
鋪忘與鄰翁別
陽明先生西園詩篇
雲峰先生之屬 錢穆

钱穆书写的王阳明《西园诗》。

少喝酒，并不是不喝酒。而是要有意识地减少喝酒的次数，每次喝酒则要尽可能地控制饮酒量。何为多？何为少？并没有一个绝对的标准。“酒逢知己千杯少”，“千杯”还嫌少，哪会有多呢？但说这话的人一定是喝多了，这是喝酒人的常识。有朋自远方来，当以美酒招待，开怀畅饮，是很难控制量的，酒过三巡，当以不“被喝酒”为尺度，一来不至失态，二来也不会伤了和气。

在酒桌上怎样才能少喝酒？关键是要守住“底线”。常有人说“酒风如作风”，意思是说，喝酒豪爽的人做事必豪爽、作风必泼辣。其实这话也可做另一种解读，那就是在酒精刺激和酒场气氛的渲染下不能保持清醒头脑守住“底线”的人，恐怕在别的事情、别的场合、别的氛围下也很难守得住“底线”，回顾一下历史再环顾一下四周，这样的例子俯拾皆是。而那些在酒桌上守得住“底线”的人，往往在别的事情上也能保持清醒的头脑守住“底线”。所以说，透过“酒风”确能看出一个人的“作风”。关键是你怎么看。

这样单说“酒话”——酒的话题，似乎与读书学习不沾边际。其实关系甚大。酒的功效主要在激情壮胆，喝酒多了，平常不敢做的事做了，不便说的话说了。酒多乱性，自然就不能静下心来读书学习；喝酒多了，还会使记忆力减退，以致反应迟钝。这些都是不利于学习的。

酒文化是“躁”的文化，而茶文化是“静”的文化。与酒相对，茶的作用主要在清心寡欲。多喝茶，不但能使人心情平静，头脑清醒，还能使人淡泊无欲。在各种应酬中偶尔以茶代酒——当然不是在酒桌上以茶代酒，而是偶以“茶座”代“酒宴”——不但能够显示你的真诚和品位，而且也会使谈话的内容趋于高雅脱俗，给人留下深刻印象。我有几位外地的朋友就因在我这里请了一回茶，而常常惦念“下次还喝茶”。

提倡少喝酒、多喝茶，营造纯朴、清心、幽静的交往环境和氛围，对于各级组织由“应酬型”向“学习型”转变，无疑是必要的和有益的。毛泽东在延安整风中曾提出“反对主观主义以整顿学风，反对宗派主义以整顿党风，反对党八股以整顿文风”的整风要求。我觉得，当前建设各级、各类学习型组织，似应增加一条“反对英雄主义以整顿酒风”。时下我们的酒风确实应当改一改了，那种经常酒绿灯红，“赶场子”、“放雷子”、“掀高潮”的酒场“英雄主义”，不但使我们一些人整天处于“头脑发热”的亢奋状态，完全不可能静下心来读书学习，而且也无可否认地成为很多人亚健康的第一诱因。因此，努力改变酒风应当成为建设学习型组织的一项重要内容，尤其要改变那种对酒徒的青睐，对酒场英雄主义的捧喝，甚至姑息使酒量、酒风无形中进入考察任用干部的体系指标的极端不正之风。

工作、学习之余，闲暇之日，约三两朋友，或陪家人孩子，找个悠闲僻静场所，泡上一壶好茶，最好还有一点轻音乐，谈一些轻松的话题，或者什么也不用说，就这样一起品茗，放松身心，缓解压力，如此融入生活，岂不乐哉！总之，建设学习型组织，无论如何是应当少一些酒气而多一点茶香的。

以上五个方面，“从不自满开始”，是说学习的态度问题；“抽时间工作”，是解决学习的时间和精力问题；用“心”学习，说的是学习的方式和方法问题；突破“学以致用”，是说学习的目的问题；少喝酒多喝茶，说的是要营造良好的环境氛围，使学习真正融入生活。此五个方面，即是在学习型组织中致力于塑造学习型个体而不是随大流、走过场，应当努力转变和确立的与学习型时代相适应的观念。

注释：

[1] 毛泽东：《中国共产党在民族战争中的地位》(1938 年 10 月 14 日)，见

《毛泽东选集》(第二卷),北京：人民出版社 1991 年,第 535 页。

[2] 见张贻玖：《毛泽东读史》,北京：当代中国出版社 2010 年,第 18 页。

[3]《毛泽东选集》(第二卷),北京：人民出版社 1991 年,第 523 页。

[4] 龚育之、逄先知、石仲泉：《毛泽东的读书生活》,北京：生活・读书・新知三联书店,2009 年,第 11 页。

[5] 逄先知、金冲及主编：《毛泽东传(1949—1976)》,北京：中央文献出版社 2003 年,第 1036 页。

[6] 冯友兰：《中国哲学史新编》(下卷),北京：人民出版社 2007 年,第 20 页。

[7] [美]罗斯・特里尔：《毛泽东传》,北京：中国人民大学出版社 2006 年,第 241 页。

[8] 毛泽东：《同意先打黄维》(1948 年 11 月 24 日),见《毛泽东军事文集》(第五卷),第 269 页。刘、陈、邓,指中原野战军司令员刘伯承、第一副司令员陈毅、政治委员邓小平;粟、陈、张,指华东野战军代司令员兼代政治委员粟裕、参谋长陈士榘、副参谋长张震。

[9] 毛泽东：《致吴晗》(1948 年 11 月 24 日),见《毛泽东书信选集》,北京：中央文献出版社 2003 年,第 284 页。

[10] [美]尼克松：《尼克松回忆录》(中册),北京：商务印书馆 1979 年,第 249—250 页。

[11] 逄先知、金冲及主编：《毛泽东传(1949—1976)》(下),北京：中央文献出版社 2003 年,第 1636 页。

[12] 同上书(上),第 791 页。

[13] 同上书,第 797 至 798 页。

[14] 同上书,第 798 至 799 页。

[15] 毛泽东：《做革命的促进派》,见张贻玖：《毛泽东读史》,北京：当代中国出版社 2010 年,第 18 页。

[16] 同上书,第 14 页。

[17] [美]珍妮特・沃斯 [新西兰]戈登・德莱顿：《学习的革命》,上海：

上海三联书店,第 33 页。

[18] 同上书,第 20 页。

[19] 张贻玖:《毛泽东读史》,北京:当代中国出版社 2010 年,第 17 页。

[20] 龚育之、逄先知、石仲泉:《毛泽东的读书生活》,北京:生活·读书·新知三联书店 2009 年,第 110 页。

[21] 辜鸿铭:《中国人的精神》,海口:海南出版社 2007 年,第 36 页。

[22] 梁漱溟:《梁漱溟自述》,桂林:漓江出版社 1996 年,第 18 至 20 页。

[23] 彭德怀:《彭德怀自述》,北京:人民出版社 1981 年,第 183 页。

[24] 龚育之、逄先知、石仲泉:《毛泽东的读书生活》,北京:生活·读书·新知三联书店 2009 年,第 23 至 25 页。

[25] 顾颉刚:《怎样读书》,见《阅读的危险:大师们的读书经验》,长春:吉林出版集团有限责任公司 2007 年,第 64 页。

[26] 冯友兰:《中国哲学简史》,北京:新世界出版社 2004 年,第 100 页。

[27] 冯友兰:《冯友兰学术自传》,北京:人民出版社 2007 年,第 232—234 页。

[28] [美]维尔·杜兰特:《哲学的故事》,北京:中国妇女出版社 2004 年,第 3 页。

[29] 冯友兰:《中国哲学史新编》(上卷),北京:人民出版社 2007 年,第 25 页。

[30] 冯友兰:《冯友兰学术自传》,北京:人民出版社 2007 年,第 235 页。

[31] 钱穆:《八十忆双亲·师友杂忆》,北京:生活·读书·新知三联书店 1998 年,第 172 页。

第二章

关键在善于学习

毛泽东于1936年12月在系统总结土地革命战争经验教训的基础上，写出了他一生中最重要的军事著作《中国革命战争的战略问题》。这部著作的第一章是"如何研究战争"，共有四节，其中最后一节即第四节的标题是"重要的问题在善于学习"。毛泽东指出："一切带原则性的军事规律，或军事理论，都是前人或今人做的关于过去战争经验的总结。这些过去的战争所留给我们的血的教训，应该着重地学习它。"又说：读书是学习，使用也是学习，学习战争，"入门既不难，深造也是办得到的，只要有心，只要善于学习罢了"[1]。

善于学习，首先是要真学，"学"是硬道理。核心是以人为师，即孔子所说的"三人行，必有我师"。基本要求是"学"中有"思"，"思"中有"学"，"学而不思则罔，思而不学则殆"。主要方法是理论联系实际，在工作中学习，在学习中工作，以及带着问题学。

一 "不如学也"

孔子曾说："吾尝终日不食，终夜不寝，以思，无益，不如学也。"（《论语·卫灵公》）意思是：我曾经整天吃不下饭，整夜睡不着觉，为什么呢？思考问题，忧国忧民呢！但终究没有益处，不如潜心致力于学习。孔子一生为政四十多年，致于学不过四五年，而其历史功绩则主要在教育事业上。难能可贵的是，孔子在世时就已经认识到这一点，所以才说了上面那段话。荀子也深有感触地说："吾尝终日而思矣，不如须臾之所学也。"(《荀子·劝学》)意思都是说，干些具体事，想些不着边际的问题，不如切切实实地读点书、学习学习。

三国时曹操的次子曹丕(187—226)，在曹操死后继承父亲遗业，建立了魏国，称魏文帝，并追谥其父为武帝。他和曹操一样，是魏晋时期著名政治家、文学家。曹丕不但在三国角逐的乱世中率先杀将出来，建立了魏晋帝国这样的千秋伟业，而且他对致学为文还有极高的认识。他曾经写道："年寿有时而尽，荣乐止乎其身。二者必至之常期，未若文章之无穷。"意思是：一个人的"年寿"再长，"荣乐"再多，也必定有正常的期限，不如"文章"能够传之久远。他还得出结论说："文章经国之大业，不朽之盛事。"(《典论·论文》)曹丕身为帝王，并没有就建立国家、"治国平天下"发表宏论，而对为学作文之事却有如此高深的认识，足见他对立言的高度重视。他于公元220年一手建立的魏帝国，传至子辈曹叡、曹奂，就于265年为司马氏所篡夺，仅存45年，确实远不及他们祖孙三代的文章传得久，播得远。曹操、曹丕、曹叡正是因为他们在文学、文化上的成就和贡献，而得以在历史上被称为"魏之三祖"。曹丕所著《典论·论文》，也成为中国文学批评史上里程碑式的著作。

在1929年古田会议期间，毛泽东在起草会议决议时，就给中共中央写信说："唯党员理论常识太低，须赶急进行教育。除请中央将党内出版物(布报、《红旗》、《列宁主义概论》、《俄国革命运动史》等，我们一点都未得到)寄来外，另请购书一批……我们望得书报如饥如渴，务请勿以事小弃置。"[2]同日，毛泽东还给当时的中央领导人李立三写信说："我知识饥荒到十分，请你时常寄书报给我。"[3]在这次古田会议通过的决议案中，就有专门一部分讲了"党内教育问题"，指出：教育的问题是"红军党内最迫切的问题"，"不提高党内政治水平，不肃清党内各种偏向，便决然不能健全并扩大红军，更不能负担重大的斗争任务"。并就这一问题开列了十项教育材料，包括"政治分析"、"上级指导机关的通告的讨论"、"游击区域社会经济的调查研究"、"马克思列宁主义的研究"、"社会经济科学的研究"、"革命的目前阶段和它的前途问题"等。方法主要是"有组织地分配看书"和"对不认字党员读书报"等。[4]

红军长征到达陕北后，毛泽东带头"发愤读书"，他还提倡党的干部都来读书。为了解决书籍数量不足的问题，1936 年 9 月，中央曾接受李富春提出的办法，"组织流动图书馆"，以邮寄的方式传阅图书，"开始寄第一次书十本，先交富春，停三天，转寄彭（德怀）刘（晓），停一星期"，"以后将一星期或十天寄一次"[5]。毛泽东还特别提醒在"外面"从事统一战线工作的同志要"一面工作，一面要提倡看书报"[6]。

新中国成立之初，社会主义改造基本完成后，毛泽东主持在全党范围和部分党外人员中间广泛开展了"如何处理人民内部矛盾"的大讨论，最终形成了《关于正确处理人民内部矛盾的问题》这一马克思主义关于科学社会主义的重要理论著作。1957 年杭州会议、南宁会议专门讨论通过了《工作方法六十条》。1958 年成都会议上，毛泽东提出"专门模仿"和"有独创精神"两种学习方法，主张"学习与独创相结合"，这次会议还兴起了学习地方史志，写作和收集民歌的活动。[7]北戴河会议上，毛泽东推荐了《马恩列斯论共产主义社会》一书，要求公开出版。[8]郑州会议期间，毛泽东给中央、省、地、县四级党委写了《关于读书的建议》的信，提议党的领导干部要带头学习马恩列斯关于社会主义经济问题的著作。1959年庐山会议讨论的18个问题,把"读书"放在第一位。

毛泽东曾明确指出:"有鉴于现在工作中还有事务主义,所以应当好好读书。"要"设法给县、社党委每年有一个系统思考问题的时间。我们提倡读书,使这些同志不要像热锅上的蚂蚁,整年整月陷入事务主义,搞得很忙乱,要使他们有时间想想问题。现在这些人都是热锅上的蚂蚁,要把他们拿出来冷一下"[9]。同年12月,毛泽东带领陈伯达、胡绳、邓力群、田家英等,集中两个月时间专心学习苏联《政治经济学教科书》,其间于1960年1月上海会议上,再次建议中央各部党组,各省、市、自治区党委,都去组织学《政治经济学教科书》,学习的方法是"批判的方法,不是用教条主义的方法"[10]。

毛泽东还经常以东吴大将吕蒙发愤学习的故事,教育军队的高级干部应当努力读书学习,提高自己的理论和文化水平。他说,吕蒙行伍出身,没有文化,很感不便。后来孙权劝他念书,他接受劝告,勤读苦读,以后当了东吴的统帅。我们现在的高级军官中,百分之八九十都是行伍出身,参加革命后才学文化的,他们不可不读《周瑜鲁肃吕蒙合传》。[11]

翻一翻中国共产党的历史,不难发现,党的建设的各个历史阶段甚至历次重要会议,几乎都会涉及学习研究和理论建设问题,而很少单纯讨论具体的事务性工作。重视学习、善于学习、善于重新学习,是党的优良传统和政治优势。改革开放新时期,从邓小平提出全党要善于重新学习,到江泽民提出要讲学习,再到胡锦涛提出建设马克思主义学习型政党;从真理标准问题大讨论,到开展"三讲"教育和保持共产党员先进性教育活动,再到深入学习实践科学发展观,党始终把学习放在突出位置,以与时俱进的精神、科学求实的态度加强学习,不断提高领导水平和执政能力,推动中国特色社会主义事业蓬勃发展。党的十六大以来，中央政治局一直坚持集体学习制度，平均四十天左右就组织一次集体学习。建设马克思主义学习型政党，这是中国共产党区别于其他任何政党的一个显著的特征。

毛泽东作为中国共产党和新中国的缔造者，不但自己一生好学，文采飞扬，而且他把文化素质和文采优劣作为臧否历史人物的重要标准。他在《沁园春·雪》写道：

> 江山如此多娇，引无数英雄竞折腰。惜秦皇汉武，略输文采；唐宗宋祖，稍逊风骚。一代天骄，成吉思汗，只识弯弓射大雕。俱往矣，数风流人物，还看今朝。

一个“惜”字，表达了毛泽东对秦皇、汉武、唐宗、宋祖、成吉思汗的叹惜。秦始皇、汉武帝、唐太宗、宋高祖、成吉思汗，这五位帝王乃是两千多年来中国历史上三百五十多个皇帝中的佼佼者，都曾经叱咤风云，开创过千秋伟业，但他们都“略输文采”、“稍逊风骚”。此处，“风骚”的“风”指《诗经》中的《国风》，“骚”指屈原的《离骚》，都是中华文化中的精品代表，这里泛指文学、文化、文采。意思是，这些帝王在文化素养和文字功夫上还稍稍逊色了点。在毛泽东的眼里，两千多年的中国历史，皇帝无数，英主辈出，但都文采略逊，风雅不足。

然而，毛泽东对文武兼优的曹操倒是极其推崇。曹操（155—220），三国时政治家、军事家、文学家、诗人。他不仅文治武略，“挟天子以令诸侯”，扫平群雄，统一北方，为建立魏国奠定基础；同时十分重视学习，文学艺术造诣颇深，史载他“上雅好诗书文籍，虽在军旅，手不释卷”（《典论·自叙》）。“上雅”就是最大的爱好，用现在的话说就是“酷爱”诗书。又说他“昼则讲武策，夜则思经传，登高必赋，及造新诗，被之管弦，皆成乐章”（《魏志·武帝纪》注引《魏书》）。曹操还用人唯才，知人善任，极其重视文化建设，曾对战乱中的儒学弛废现象颇多感慨。建安八年，即“官渡之战”后的第三年，他刚刚统一北方不久，就颁布《修学令》，称：“丧乱以来，十有五年，后生者不见仁义礼让之风，吾甚伤之。其令郡国各修文学，县满五百户置校官，选其乡之俊造而教学之，庶几先王之道不废，而有以益于天下。”[12]

毛泽东对曹操的诗作十分欣赏，尤其是《龟虽寿》、《观沧海》，不仅反复吟诵，而且反复手抄。

> 神龟虽寿，犹有竟时。腾蛇乘雾，终为土灰。老骥伏枥，志在千里。烈士暮年，壮心不已。盈缩之期，不但在天。养怡之福，可得永年。幸甚至哉！歌以咏志。（《龟虽寿》）

> 东临碣石，以观沧海。水何淡淡，山岛竦峙。树木丛生，百草丰茂。秋风萧瑟，洪波涌起。日月之行，若出其中；星汉灿烂，若出其里。幸甚至哉！歌以咏志。（《观沧海》）

曹操诗文的雄健大气和“吞吐宇宙”之气势，甚为毛泽东赏识。他曾对身边工作人员说：“我还是喜欢曹操的诗。气魄雄伟，慷慨悲凉，是真男子，大手笔。”1954 年夏，毛泽东到北戴河办公，工作之余，常下海游泳，登游碣石山。有一次，他在碣石山上叫卫士找来地图，一边查地图一边说：曹操是来过这里的，上过碣石山；建安十二年五月出兵乌桓，九月班师回朝，经过碣石山，写出《观沧海》。

这期间，毛泽东还创作了《浪淘沙·北戴河》，算是为曹孟德而写：

> 大雨落幽燕，白浪滔天，秦皇岛外打鱼船。一片汪洋都不见，知向谁边？　　往事越千年，魏武挥鞭，东临碣石有遗篇。萧瑟秋风今又是，换了人间。

这年7月23日，毛泽东在北戴河还专门给女儿李敏、李讷写信说“北戴河、秦皇岛、山海关一带是曹孟德到过的地方。他不仅是政治家，也是诗人。他的碣石诗是有名的”，你们要找来好好读一读。[13]

善于学习，首先是要真学，“学”是硬道理。要学起来，才有话语权。我们有些人不太喜欢读书学习，静不下心来，喜欢整天跑跑颠颠，琢磨事、琢磨人，把升官发财、急功近利看得高于一切，及至晚年往往两手空空，方有所悟，悔之当初真的“不如学也”。

中央电视台曾热播过一部电视剧《不如跳舞》，鼓励大家动起来，跳起来，开展喜闻乐见的群众性文化体育活动。无疑，这对于建设和谐乡村、和谐社区，尤其对于抵制低俗、迷信和赌博之风，是有积极意义的。

然而，建设和谐乡村、和谐社区，乃至和谐组织、和谐团队，必须有和谐之文化，尤其建设学习型社区、学习型组织、学习型机关，既要动起来，“不如跳舞”；更要静下来，“不如学习”。处在学习型时代，身在学习型组织之中，如其整天忙忙碌碌、跑跑颠颠，东张西望、左顾右盼，患得患失、胡思乱想，真的“不如学也”。

二 “三人行，必有我师”

孔子说：“三人行，必有我师焉。择其善者而从之，其不善者而改之。”（《论语·述而》）他强调要虚心向他人求教，做到“见贤思齐，见不贤而内自省”（《论语·里仁》）。

朱熹《论语集注》解释说：“三人同行，其一我也，彼二人者，一善一恶，则我从其善而改其恶焉。是二人者，皆我师也。”意思是要善于发现别人的长处、优点而学习；对照他人的短处和缺点而自查，有则改之，无则加勉。

孔子还说："我非生而知之者，好古，敏以求之者也。"（《论语·述而》）主张向古人和一切有长处的人学习。他自己就曾经以郯子、苌弘、师襄、老聃等为师。

郯子，春秋时郯国（今山东郯城北）的国君，孔子曾向他请教官职名称的由来。

苌弘（？—前492），春秋时周敬王的大夫，通晓天象历数之学，常用以解说政治。后参与晋国范氏、中行氏对赵氏的内讧，晋定公十九年（前493），晋卿赵鞅战胜范氏、中行氏，并扩大封地，奠定此后建立赵国的基础。前492年，赵鞅借口苌弘曾经支持范氏、中行氏而向周王朝发难，周王朝为避免祸及自身，就将苌弘处死。神话传说称，苌弘死后其血三年化为碧玉。《汉书·艺文志》兵阴阳家曾有《苌弘》15篇，可惜早已散佚。算起来，苌弘至少小孔子二十多岁，然而孔子仍能以其为师，请教天象历数之学，可见孔子敏而好学的品质。

师襄，春秋时鲁国乐官，善弹琴、击磬。孔子曾从其学琴。

老聃，即老子，春秋时思想家，道家创始人。孔子曾向其问礼。

所以，"唐宋八大家"之首的韩愈著《师说》，称："圣人无常师。孔子师郯子、苌弘、师襄、老聃。郯子之徒，其贤不及孔子。孔子曰：'三人行，则必有我师。'是故弟子不必不如师，师不必贤于弟子。闻道有先后，术业有专攻，如是而已。"又说："人非生而知之者，孰能无惑？惑而不从师，其为惑也终不解矣。生乎吾前，其闻道也固先乎吾，吾从而师之；生乎吾后，其闻道也亦先乎吾，吾从而师之。吾师道也，夫庸知其年之先后生于吾乎？是故无贵无贱，无长无少，道之所存，师之所存也。"孔子正是以这样的胸襟，为人师表，所以才说"三人行，必有我师"。

毛泽东是一位勤奋好学、不耻下问的楷模。1937 年 9 月，毛泽东在延安读了艾思奇写的《哲学与生活》一书，做了 19 页共 3 000 多字的辑录，对书中“差别不是矛盾”的观点“略有疑点”，遂亲笔写信给艾思奇，十分客气地说：

你的《哲学与生活》是你的著作中更深刻的书，我读了得益很多，抄录了一些，送请一看是否有抄错的。其中有一个问题略有疑点（不是基本的不同），请你再考虑一下，详情当面告诉。今日何时有暇，我来看你。[14]

艾思奇当时年仅 27 岁，毛泽东 44 岁，而且已是党的领袖、人民军队的最高统帅，却能如此认真阅读一个青年同志的理论著作，充分表现出他谦逊好学的品质和对哲学对真理的探索精神。[15]

再看一个例子。

1958 年 2 月，刘少奇在一次讲话中以唐代诗人贺知章《回乡偶书》一诗（“少小离家老大回，乡音无改鬓毛衰。儿童相见不相识，笑问客从何处来。”）作为古代官吏禁带家属的例证，大约是要求党的领导干部应以革命事业为重，不为儿女情长所拖累。毛泽东觉得不妥，为查明此事，他不仅翻阅《全唐诗话》等书，还特地查阅了《旧唐书·列传》中的贺知章传，发现贺传中并无不带家属的记载。毛泽东随即写信给刘少奇，陈述自己的看法：

少奇同志：

前读笔记小说或别的诗话，有说贺知章事者。今日偶翻《全唐诗话》，说贺事较详，可供一阅。他从长安辞归会稽（绍兴），年已八十六岁，可能妻已早死。其子被命为会稽司马，也可能六七十了。“儿童相见不相识”，此儿童我认为不是他自己的儿女，而是他的孙儿女或曾孙儿女，或第四代儿女，也当有别户人家的小孩子。贺知章在长安做了数十年太子宾客等官，同明皇有君臣而兼友好之遇。他曾推荐李白于明皇，可见彼此惬洽。在长安几十年，不会没有眷属。这是我的看法。他的夫人中年逝世，他就变成独处，也未可知。他是信道教的，也有可能屏弃眷属。但一个九十多岁像齐白石（当时已93岁高龄——引者注）这样高年的人，没有亲属共处，是不可想象的。他是诗人，又是书家（他的草书《孝经》，至今犹存）。他是一个胸襟洒脱的人，不是一个清教徒式的人物。唐朝未闻官吏禁带眷属事，整个历史也未闻此事。所以不可以"少小离家"一诗便作为断定古代官吏禁带眷属的充分证明。自从听了那次你谈到此事以后，总觉不甚妥当。请你再考一考，可能你是对的，我的想法不对。睡不着觉，偶触及此事，故写了这些，以供参考。

毛泽东

一九五八年二月十日上午十时

复寻《唐书·文苑·贺知章传》（《旧唐书·列传一百四十》，页二十四），亦无不带家属之记载。

近年文学选本注家，有说"儿童"是贺之儿女者，纯是臆测，毫无确据。[16]

毛泽东随信并捎去载有贺知章传的那本《旧唐书》。信的最后两句："自从听了那次你谈到此事以后，总觉不甚妥当。请你再考一考，可能你是对的，我的想法不对。睡不着觉，偶触及此事，故写了这些，以供参考。"足见毛泽东谨慎求学的态度，读来又十分亲切，想必刘少奇也能够接受。

晚年的英国作家萧伯纳在沉思中。

英国作家萧伯纳曾做过一个形象的比喻：如果你有一个苹果，我有一个苹果，彼此交换，每人还是只有一个苹果；如果你有一个思想，我有一个思想，彼此交换，我们每人就有了两个甚至更多的思想。

我们每个人在工作、学习、生活实践中都会有自己的认识、收获和体会。学识和见解需要相互启发，问题和疑难需要互相探讨，兴趣和事业心也需要互相激励。

三 "学"而"思"

古往今来，能够准确而精辟地阐述"学"与"思"的关系的，莫过于孔子在《论语》中的那句话："学而不思则罔，思而不学则殆。"(《论语・为政》)但这句话还是常常被人拿来说事，认为读书学习固然重要，但勤于思考更加重要，孔子说了，"学而不思则罔"，光学习不思考等于白学。

其实，这是曲解了圣人的意思。孔子更重要的话，是后面一句"思而不学则殆"。正确理解这句话的含义，关键是要弄懂"罔"和"殆"这两个字的意思。"罔"就是无，通俗地说，就是"等于零"。"学而不思则罔"，意思就是读书学习如果不思考就等于零。德国哲学家叔本华(1788—1860)也说过："读书而不加以思考，决不会有心得，即使稍有印象，也浅薄而不生根，大抵在不久后又会淡忘丧失。"表达了相同的意思。

"殆"就是危害，借用数学的方法说，就是"负的"，是比"罔"(即"等于零")还要小的数。"思而不学则殆"，意思就是：光思考而不注重学习，那就不是"等于零"的事，而是比"零"更小的"负数"，是很危险、很有害的。我们常说，病是吃出来的，烦恼是想出来的。这个"想"，就是脱离学习的玄思空想，说白了，就是不注重学习而热衷于琢磨事琢磨人，整天瞎琢磨，其结果是十分有害的。

孔子 20 多岁涉政，55 岁弃官周游列国，68 岁全心致力于讲学，他以自己的经历告诫大家："吾尝终日不食，终夜不寝，以思，无益，不如学也。"(《论语·卫灵公》)荀子也说："吾尝终日而思矣，不如须臾之所学也。"(《荀子·劝学》)意思都是说，一味空想不如切实地读书学习。

这样看来，"学"与"思"的关系，就如"皮"与"毛"的关系一样，"皮之不存，毛将焉附"。勤于学习，善于举一反三的思考，才能有所长进，学有所获。而脱离读书学习的玄思空想，则会误事误己贻害无穷。

其实，善于学习是包含勤于学习和善于思考的"题中应用之义"的。死读书，读死书，显然不能称为"善学"。

中国有句俗话，处处留心皆学问。说的是善于学习，勤于思考，就能随时随处获得知识和学问。司马迁说过："好学深思之士，心知其意。"毛泽东曾指出，搞科学研究，必须实事求是、独立思考，不能让自己的脖子上长着别人的脑袋。[17]其实，大凡头脑健全的人，读书学习不可能没一点想法，善学者，正在于他在学的同时，还能做深入的举一反二的思考。

"学"而"思"，是一件十分惬意的事。十年前，我在学习《孙子兵法》时做了一些思考，又举一反三地引出好些问题，深深体会到思而有所得的惊喜和快乐。

《孙子兵法·谋攻》篇上说："上兵伐谋，其次伐交，其次伐兵，其下攻城。"看各家译注或解说，对"伐交"的通行解释几乎都是："交"为外交，所谓"伐交"，就是挫败敌人外交，即在外交斗争中战胜敌人。如郭化若《孙子译注》，吴九龙、黄朴民《孙子校释》，李零《吴孙子发微》，林伊夫《武经七书新译》，吴如嵩《孙子兵法浅说》等，基本上都持这种观点。当时我就在想，凭什么说“伐交”就是指外交斗争？仅凭一个“交”字就说是“外交”？也不做任何训诂式的解释，实在有些牵强，不能令人信服。我开始翻阅古书资料，进一步学习、思考和研究后，我觉得，将《孙子兵法》中的“伐交”解释为“挫败敌人外交”的观点，至少在三个方面值得商榷。

其一，从《孙子兵法》作战理论体系看，“伐交”从属作战法则，其本义应局限于“兵法”范畴，不可能上升到现代意义上的政治外交领域。无论“伐谋”、“伐交”，还是“伐兵”、“攻城”，都是其作战理论体系中具体的研究要素。关于《孙子兵法》理论体系的研究对象，孙武开宗明义地指出：“兵者，国之大事，死生之地，存亡之道，不可不察也。”一语道破《孙子兵法》的整个研究对象就是作为“死生之地，存亡之道”的“兵”，即战争，或用兵打仗。另外，从《孙子兵法》或“兵法十三篇”的字面意义看，其研究对象无疑也是“兵法”，即“用兵之法”，这一点也是毫无疑义的。美国战略研究机构兰德公司在一份关于中国战略问题的研究报告中也认为：“孙子所关心的主要是如何打赢战争”，而不是政治和外交领域的事务，“孙子强调使用计谋甚于强调单纯地采取强制手段，这常常与军事策略有关，而不是与是否调动军队来对付敌人这个更大的战略问题有关”[18]。“伐交”作为孙子兵学体系中的一个要素，其关注的对象必然是某一具体的“用兵作战的方法”，而不能超出“兵法”这一大的范畴。即使“伐谋”，也只是指战争中的“政治手段”或“谋略手段”，而非现代意义的高于和统领“军事”的“政治”问题，它与“伐兵”、“攻城”这些明显的“军事手段”相配合，共同构成孙子战略进攻的主要方式和方法。

其二，从《孙子》制胜手段的层次性上看，“伐交”次于“伐谋”，高于“伐兵”，是《孙子兵法》进攻屈敌的重要一环。“伐交”是比“伐谋”低一层次而比“伐兵”高一层次的一种作战样式，三者在内涵和外延上应当具有明显的层次性和接续性。

“上兵伐谋”，是指在战争中运用谋略，而不直接使用武力手段，使敌人屈服于我。即所谓“不战而屈人之兵，善之善者也”。这是《孙子兵法》用兵制胜的最高境界。但不应把“伐谋”看做是一种高于军事或战争的独立的政治战略斗争，明代《兵经百篇·谋字》上说“兵无谋不战，谋当底于至善”（军队没有计谋就不应该进行战争，谋略应该达到最完善的程度）。列宁曾断言：“没有不用军事计谋的战争。”[19]毛泽东也明确指出，战略战术即谋略是战争大海中的游泳术，也就是战争的指导规律。“伐谋”贯穿于战争始终，融于各种作战样式、作战方法和作战行动之中。这是后人对《孙子兵法》“伐谋”思想的深入理解和诠释。但《孙子兵法》中“伐谋”的“谋”，似乎也并不是泛指战争中的一切计谋和谋略。杜牧在注解《孙子兵法》时列举了“伐谋”的两种情形：“故敌欲谋我，伐其未形之谋；我若伐敌，败其已成之计。”是说当敌人谋划进攻我时，我就要在敌进攻企图未成形之时先伐其谋，使其放弃谋我，从而制止敌人的进攻；当我准备进攻敌人时，就要挫败敌已成防御企图。也就是说，谋划战争要在围绕如何确保具有打败敌已有防御打算的坚强实力上做文章，使敌完全相信“防不住”从而不得不屈从就范，即所谓“胜兵先胜而后求战”。

“伐交”，是比“伐谋”低一个层次的制胜手段。如果单纯把“伐交”理解为外交斗争，那么无论是内涵还是外延，都应当包含在“伐谋”之中，这显然不符合《孙子兵法》作战理论的本义和其层次的渐进性。

“伐兵”，则是指使用军队直接交战。有的学者将其解释为运用武力战胜敌人或打败敌人军队。此说并不确切。春秋时期的战争多为阵战，即通常双方先约定交战时间和作战地区，而后双方军队列好阵势，再开始交战。《孙子兵法》在这里讲的“伐兵”，是比“伐交”

次一层级又比“攻城”高一层级的克敌手段，意思是将敌人军队诱出城外(脱离坚固阵地)交战，通过战场上的厮杀，打败敌人军队，从而夺取战争胜利，其意相当于现代意义上的野战。贾若瑜在《孙子探源》一书中认为：春秋时期，无论是戎狄族与华夏诸侯间的战争，还是诸侯争霸与兼并战争等，“其作战形式主要是野战，极少是城寨攻防战。这是由于在当时经济条件下，进攻城寨的武器装备和战术都落后于城寨的构筑技术和防卫战术的缘故”[20]。当敌人依托城寨固守，拒不出城应战——这种情况是常有的，那么进攻一方“伐兵”不成，就只好攻城了，即所谓“攻城之法为不得已”。

其三，从孙武生活时代的战争实例来看，凭借“外交屈敌”的战例不能说明是由于“伐交”手段的运用。吴如嵩在他的著作中就列举了著名的晋楚城濮之战，此战发生在公元前628年，晋文公在战前谋划进行了一系列所谓的政治外交行动——争取齐、秦参战，拆散楚国与曹国、卫国的同盟，乃至扣留楚使宛春激怒楚将子玉等，对赢得战争胜利创造了有利条件，奠定了坚实基础。吴如嵩由此断言，这些“都融会了‘伐谋’与‘伐交’的斗争”。显然，在吴氏的心里有一种“伐交就是挫败敌人外交”的先入为主的观点，占据着支配地位。其实，晋文公在战前所做的这些动作，充其量只能证明“运用外交手段或挫败敌人外交，能够战胜敌人，取得胜利”，而丝毫不能证明它们就是“伐交”。

两宋之间的郑友贤在《十家注孙子遗说并序》中说：“帷幄尊俎之间，而揣摩折冲，心战计胜其未形已成之策，不烦毫厘之费而彼奔北降服之不暇者，伐谋之义也。”春秋时期，常有这样一些能人贤士，他们在诸侯国间奔走呼号，力劝各方或避战、或联合对敌，充当说客。他们所做的一切，正是我们现在所谓的军事外交活动，亦即“外交斡旋”。这些智者在历史上被称为“谋士”，而不是被称为“交士”或外交家。他们所从事的“外交活动”，其实就是“伐谋”的具体内容。所以在孙武生活的那个时代，外交活动更多的是作为“伐谋”的具体内容而由“谋士”们进行的。这也就是说，“伐谋”虽是指挫败敌人的战略计谋，但其实现形式则不能不主要地表现为外交活动和外交斗争。如果把外交活动和外交斗争归为“伐交”，那么“伐谋”也就成了一个没有内容的“空壳”了。其实，吴如嵩在这里已经有所困惑，所以才不得不说“‘伐谋’与‘伐交’都是政治战略上的斗争，二者虽有区别，但又是彼此联系的”，以此来自圆其说。试想想，《孙子兵法·谋攻》篇一共只讲了“上兵伐谋，其次伐交，其次伐兵，其下攻城”四种进攻屈敌的样式，怎么可能前两种“上兵伐谋，其次伐交”说的是同一回事呢？

“伐交”处于“伐谋”和“伐兵”之间，既不同于运用谋略“不战而屈人之兵”，又不同于在枪林弹雨的沙场上“苦战而屈人之兵”。它既然不是指外交斗争，那么又是指什么呢？

我觉得，要想弄清《孙子兵法》“伐交”思想的实质，关键是要解剖“交”字在兵法中的本义，从孙子兵学理论体系的内部和孙子时代的战争实践中寻根探源。我把《孙子兵法》13 篇中所有的“交”字全部找出来，共有 14 处。分列如下：

故上兵伐谋，其次伐交，其次伐兵，其下攻城。（《谋攻》）

凡用兵之法，将受命于君，合军聚众，交和而舍，莫难于军争。（《军争》）

故不知诸侯之谋者，不能豫交。（《军争》）

凡用兵之法，将受命于君，合军聚众，圮地无舍，衢地交合，绝地无留，围地则谋，死地则战。（《九变》）

若交军于斥泽之中，必依水草而背众树，此处斥泽之军也。

(《行军》)

用兵之法，有散地，有轻地，有争地，有交地，有衢地，有重地，有圮地，有围地，有死地。(《九地》)

我可以往，彼可以来者，为交地。(《九地》)

是故散地则无战，轻地则无止，争地则无攻，交地则无绝，衢地则合交，重地则掠，圮地则行，围地则谋，死地则战。(《九地》)

令发之日，士卒坐者涕沾襟，偃卧者涕交颐，投之无所往者，诸、刿之勇也。(《九地》)

交地，吾将谨其守。(《九地》)

是故不知诸侯之谋者，不能预交。(《九地》)

夫霸王之兵，伐大国，则其众不得聚；威加于敌，则其交不得合。(《九地》)

是故不争天下之交，不养天下之权，信己之私，威加于敌，故其城可拔，其国可隳。(《九地》)

以上 14 处“交”字，概括起来主要有 4 种组合用法：

(一) 结交(诸侯)；交往。作动词。如《军争篇》和《九变篇》中前后两次说，“故不知诸侯之谋者，不能豫(预)交”。这里的“豫”和“预”都通“与”，“豫(预)交”意为“与其结交”。这句话的意思是：不了解各诸侯国的战略意图，就不宜与其结交。又如《九变篇》中讲“衢地合交”，《九地篇》又说“衢地则合交”。“合交”，曹操注：“结诸侯也”；张预注：“四通之地，旁有邻国，先往结之，以为交援。”意思是，在“衢地”行军作战，要特别注意巩固与各诸侯国的结交联合(“衢地，吾将固其结”)。再如《国策·秦策三》中有云：“王不如远交而近攻。”“远交近攻”是秦在统一中国大业中采取的战略方针，这里的“交”，也是指结交诸侯。

(二)(两军)相对。作动词。如《军争篇》中说“合军聚众,交和而舍”,这里的“和”指古时军队的营门。《周礼·夏官·大司马》中说:“以旌为左右和之门。”郑玄注:“军门曰和,今谓之垒门,立两旌以为之。”意思是两边插着两面旌旗的营门。“交和”就是营门相对。曹操注:“两军相对为交和”。“舍”是古代行军作战的计量单位,行军三十里为一舍。这里引申为驻扎部队,临时宿营。“交和而舍”指两军对阵(准备交战),即处于临战状态的对阵宿营。“合军聚众,交和而舍”,意思是从组织军队、动员民众到与敌人对阵。

(三)交叉;交错。作动词。《行军篇》言:“若交军于斥泽之中,必依水草而背众树,此处斥泽之军也。”“交军”,指敌对双方行军队形相交错,引申为两军相(遭)遇。意思是,如果同敌军遭遇于盐碱沼泽地带,就必须靠近水草而背靠树林,这是在斥泽之地行军作战的处置方法。《九地篇》言:“令发之日,士坐者涕沾襟,卧者涕交颐。”“涕交颐”,即涕相交错于颐(“颐”指颊、腮)。意思是,每当作战命令发布之日,士卒们坐着的泪洒衣襟,躺着的泪流满面。

(四)与“地”组合,指“交地”。作名词。《孙子兵法》14处“交”,其中就有4处为“交地”,2处“合交”,2处“豫(预)交”。《九地篇》言:“我可以往,彼可以来者,为交地”。关于“交地”,古人有两种解释。一说见于曹操注《孙子》:“道正相交错也。”主要是从交通便利与否的角度立论;一说见于顾福棠《孙子集解》:“交地者,我与敌连界之地也,连界之地故彼我皆可往来。”这两种注释看似无关,其实并不矛盾,而恰恰是互为补充说明。“连界之地”说易被接受,但倘若此“连界之地”地形险恶,无法通行,彼我又何以“皆可往来”?所以,曹操注“道正相交错也”,正是对“连界之地”说的恰当补充。如此,才合乎“我可以往,彼可以来者,为交地。”“交地”一词的字面意思,按曹操的注释，应为道路相互交错之地。这里的“交”仍为交叉、交错。但《孙子兵法》中的“交地”已作为一个专有名词，为“九地”中的一地，指敌对双方城寨间的相连界之地。

按照古汉语行文的特点，同“伐谋”、“伐兵”、“攻城”中的“谋”、“兵”、“城”均为名词一样，“伐交”中的“交”字必然也是名词。“伐交”与“伐谋”、“伐兵”、“攻城”一样，均为动宾结构，此处“交”即是指“交地”。在春秋战国时代，诸侯国之间的一切联系和交往（如信函、使节等），都必须依靠人畜通过“交地”来维系。所以，这里的“交”实际上也就代表着各国间的交往、联合和结盟。因此，分化、瓦解敌人的盟国，除了以谋士奔走游说之外（这是“伐谋”手段的运用），只要出兵占领“交地”，断敌粮道、信道、水道、交通要道，切断敌人与外界的一切联系（即切断敌人的对外交往），也就很容易达到目的了。可见，“伐交”中“交”的本义，就是指国与国之间或城与城之间、营寨与营寨之间相连界之地，也就是“交地”。

《九地篇》言：“夫霸王之兵，伐大国，则其众不得聚；威加于敌，则其交不得合。是故不争天下之交，不养天下之权，信己之私，威加于敌，故其城可拔，其国可隳。”这里的两个“交”均是名词，本义都是指“交地”，引申为对外交往（的途径或方式）。由此，“伐交”的本义就是切断敌人的“交地”，即切断敌人与外界的所有联系（或断绝敌人的对外交往）。这其中包括两层含义，一是指有形的军事封锁（围困），二是指无形的外交封锁。而外交封锁则是军事封锁的引申意义，是人们在“后孙子时代”的斗争实践中对孙子兵学理论的运用和发展。长期以来，我们对《孙子兵法》“伐交”思想的诠释，只注重其引申意义，而忽略了其本质的原义。

“切断敌人与外界的所有联系”，或“切断敌人的对外交往”，是一切封锁作战追求的最佳效果。《孙子兵法》“伐交”思想的实质，正是军事封锁。

以上这些，是我在学习《孙子兵法》时思考探究的粗浅结果，后来与人合作撰成一篇独立文章，于2004年在《中国军事科学》第5期上以《也谈〈孙子兵法〉的“伐交”思想》为题发表。文章提出的主要观点后来还被2005年《世界军事年鉴》收录。据说还在国防大学被某教授引入课堂，加以讨论。

说实话，直到现在，我仍然坚持“伐交”的本义是“军事封锁”，而非“外交斗争”的观点。因为现代意义的“外交”一词是在鸦片战争之后，中国进入近代半殖民社会，随着与世界列强交往的增多，才开始出现的一个概念。在中国几千年的历史上，很多时候是有外交之实，而无“外交”之名的。

春秋战国时期，虽然各诸侯国之间的交往十分频繁，但那时王侯将相是以“天下”为己任，先人们心目中的“天下”略等同于现代的“国家”观念，那时各诸侯国之间的交往与现代意义的政治外交完全是两个概念。战国时，主持各诸侯国交往事务的职官是“御史”。到秦汉时期，中央政权始设九卿官制。那时中央各部门的长官称卿，卿的官署称寺。这与现在的寺庙不是一回事。九卿中的典客，西汉景帝时称大行令，武帝时改称大鸿胪，主管有关宾客事务。这些贵宾到京师，参加各种祭祀典礼，他们的一举一动都有人大声传话引导，以免失礼。鸿，声也；胪，传也。因此称大鸿胪。东汉以降，一直沿用这一官制。到唐代，中央机构设三省六部、九寺五临等，其中九寺中的鸿胪寺领典客、司仪二署，编制二百二十五人，典客署掌外交之仪。宋代仍沿袭三省、六部、九寺等中央机构设置，南宋时把光禄、鸿胪两寺并入礼部。明代时，隶属于礼部的鸿胪寺主要负责管理朝廷礼仪、朝会和宴会事宜，另在六部之外新成立一个部级机构——理藩院，专管蒙古、新疆、西藏、青海和四川等地少数民族地区的行政事务。因当时称少数民族区为藩部，故处理藩部事务的衙门就叫理藩院。它还负责办理沙俄的外交事务，设有招待俄使和俄商的俄罗斯馆。[21]

鸦片战争后，西方列强侵入中国，清政府被迫开放广州、福州、厦门、宁波、上海五处为通商口岸，中外交涉、通商事务不断增加。清政府经常办理对外交涉的耆英认为，对英、法、美等国，断不能"绳之藩属之礼"，主张"与其争虚名而无实效，不若略小节而就大谋"。道光皇帝采纳这一"权宜之计"，遂设置办理各国通商事务的大臣——"五口通商大臣"。五口通商大臣名义上是办理通商事务，实际上是代表清政府办理外交。兼任五口通商事务大臣的耆英，除了代表清政府在《南京条约》上签字外，从 1843 年以后曾先后两次南下与西方侵略者交涉，签订了《五口通商章程》、《虎门条约》、《望厦条约》、《黄埔条约》等，还与比利时、葡萄牙、荷兰、西班牙、普鲁士、丹麦等国代表签订了不平等条约。第二次鸦片战争后，由于增开通商口岸、公使驻京，使中外交涉日益频繁。外国侵略者多次要求清政府在中央建立一个专门办理对外事务的机构，为了换取外国侵略者的支持，奕䜣等人于 1861 年 1 月 13 日奏请设立总理各国事务衙门，简称"总理衙门"。其主要职责是办理外交，下设英国、法国、俄国、美国、海防五股，负责对外交涉及各项"洋务"。1901 年 7 月 24 日，清政府参照日本政府体制，从日语中引入"外务"一词，将总理各国事务衙门改为外务部。1912 年 1 月，南京临时政府成立，根据《中华民国临时政府中央行政各部及其权限》规定，中央行政共设九部，直属大总统。九部分别为：陆军部、海军部、外交部、财政部、司法部、内务部、教育部、实业部、交通部。[22] 至此，中国政府正式设立外交部。中国历史上也第一次正式使用现代意义上的"外交"概念。至于"外交"一词是从日语中舶来，还是中国人自创，或者从古语中借用，还有待做进一步考证。

所以说，把2 500年前《孙子兵法》中的“伐交”直接释为现代意义的“外交斗争”，不但过于草率，而且还曲解或误解了孙子的本义。

那么，是谁首先把“伐交”释为“外交斗争”的呢？查《孙子十一家注》，看各家注释几乎大同小异。如李筌注曰：“伐其始交也。苏秦约六国不事秦，而秦闭关十五年，不敢窥山东也。”杜牧举例注曰：“张仪愿献秦地六百里于楚怀王，请绝齐交。随和于黥布坐上杀楚使者，以绝项羽。曹公与韩遂交马语，以疑马超。高洋以萧深明请和于梁，以疑侯景，终陷台城。此皆伐交。”其实，杜牧这里举了一大堆例子，正如我上面所说，只能证明凭借外交斗争可以胜敌，而不能证明这就是“伐交”，但他却偏偏武断地得出“此皆伐交”的结论。又如陈皞注曰：“或云敌已兴师交合，伐而胜之，是其次也。”孟氏注曰：“交合强国，敌不敢谋。”张预注：“或曰：伐交者，用交以伐人也。言欲举兵伐敌，先给邻国为掎角之势，则我强而敌弱。”黄朴民先生曾有《孙子“伐交”本义考证》一文，认为：“从根本上来说，通过外交手段屈敌，仍属于‘伐谋’的范围，即运用智慧，巧假谋略以瓦解敌人之联盟。如战国苏秦、张仪之流，朝秦暮楚，纵横捭阖，左右战国七雄或合纵，或连横，从而影响战国战略格局的演变，何尝不是‘伐谋’艺术的大手笔……均纯属梅尧臣所谓‘以智胜’的典范。所以从某种意义上讲，通行的‘伐交’的解释，与‘伐谋’之间实犯有同义重复之弊，而孙子之‘伐交’本义果若后人所理解那样的准确，则孙子本人亦难辞概念混淆、逻辑紊乱之咎。以孙子之圣智高明，似不至于产生这样低级的失误，其‘伐交’之说实当另有真实的本义所在。”[23]

但黄朴民先生提出“孙子‘伐交’本义为列阵震慑敌人迫其屈服”的观点，即“军事威慑”说。我认为，此说不够确切。因为“军事威慑”在那个时代远不能成为一种屈敌制胜的方式，即使现在也还没有完全成为一种独立的作战方式。

《孙子兵法》对其以“伐交”为表现形式的“军事封锁”思想并没有专门论述，但从有关的文字中，仍可领悟其封锁作战思想的要义。

《九地篇》称：“我可以往，彼可以来者，为交地。”《地形篇》称：“我可以往，彼可以来，曰通。”“通形者，先居高阳，利粮道，以战则利。”这里实际上指出了在通形的交地作战即封锁作战的基本原则：“先居高阳，利粮道，以战则利。”意思是，要先占领视界开阔的高地，保证粮道畅通，这样作战才有利。“交地则无绝”，“交地，吾将谨其守”（《九地篇》）。意思是处在“交地”作战时，要特别谨慎防守（“谨其守”），不可将行军序列断绝，以防受敌军邀截，被敌人突破和突围。“交地无绝”，梅尧臣注：“道既错通，恐其邀截，当令部伍相及，不可断也。”在封锁作战方法上，孙子主张以强大的武力相威胁：“威加于敌，则其交不得合。”“威加于敌，故其城可拔，其国可隳。”意思是以强大的军事实力摆在敌人面前，即占领“交地”，不必去攻打它，就能断绝敌人与外界的交往（联系），进而可达到“拔其城，毁其国”的目的。

《谋攻篇》中有一段精彩的论述：“故善用兵者，屈人之兵而非战也，拔人之城而非攻也，毁人之国而非久也，故兵不顿而利可全，此谋攻之法也。”“拔人之城而非攻”，“毁人之国而非久”，靠的是什么？前面说了，靠的就是“威加于敌”，使“其交不得合”，则“其城可拔，其国可隳（通‘毁’）”。这里的“其交不得合”体现了军事封锁的思想。因为一般的断敌外交，显然不足以导致敌方“城拔国毁”的结果，只有严密的军事封锁才可能产生如此大的威力和结果。所以说，这种“非战”、“非攻”、“非久”，以达到“兵不顿而利可全”的“全胜”战略，包括“伐谋”和“伐交”在内，而作为前提和基础或后盾的，有时甚至起着决定性作用的，正是“伐交”，即军事封锁。

《孙子兵法》13篇，通篇体现了其战略进攻的思想，完全顺应了春秋战国时期诸侯国兼并战争的需要。公元前512年，在伍子胥的极力举荐下，孙武以兵法13篇晋见吴王阖闾，被任命为将军，其兵法也因此得以扬名千古。

其实，孙武的确切身份以及他的真正地位和作用，决不是什么“将军”，而是一位军事理论家，或可称为中国历史上第一位军事学术大师。即使后来他参加了柏举之战，其身份也只是军师，而并没有直接参与作战指挥。所以司马迁在《史记》中说，吴国“西破强楚，入郢，北威齐晋，显名诸侯，孙子与有力焉”。意思是说孙武起到了重要作用，不可磨灭了他的贡献。我们说，理论来源于实践。那么《孙子兵法》的作战理论从何而来？是孙武个人“悟性的自由创造”吗？显然不是。在今天苏州城西南有一座穹窿山风景区，穹窿山为苏州第一名山，此山气势雄伟，地域宽阔，苍松翠竹，山色秀美。相传春秋时孙武曾隐居在此，著成中国历史上第一部兵书《孙子兵法》。西汉大臣朱买臣曾在此砍柴，读书；抗金名将韩世忠与部下曾相聚于穹窿山赏月；清帝乾隆六次临山祈福，留下无数鲜为人知的轶事。穹窿山是不是孙武隐居著书的场所暂且不论，但孙武他自身并没有什么战争经验，他对战争的认识完全是建立在对他人战争实践经验基础之上的。在他出山之前，他一定是在某个地方苦苦钻研兵学，认真研究春秋时期以及更早时代的丰富的战争实践，同时基于中国文化“理性早启，文化早熟”（梁漱溟语）的基础，而著成《孙子兵法》13篇。而与此同时代的西方虽然也有丰富的战争实践，却没有成熟的理性的文化，所以只能记下一些战争的“流水账”，如《高卢战记》、《伯罗奔尼撒战争史》等。总之，孙武其实是一位军事学者，他在吴王阖闾的眼里更像是个文弱书生，否则吴王怎么会拿自己的妃子们让他“吴宫教战”呢！不过吴王的“儿戏”孙武倒是当真了，以致斩杀了吴王的美姬，让吴王有苦难言。

竹简《孙子兵法》。

以上这些，是我在学习《孙子兵法》、思考琢磨其“伐交”思想时的一些体会，并就此例谈了“学”与“思”的关系问题。总之，“学”是“思”的前提和基础，“思”是“学”的深化和提高。“学而不思则罔，思而不学则殆。”只有“学”与“思”相结合，才能学有所成、思有所获。在学习中思考，在思考中学习，是一件十分惬意的事，其中的快乐滋味只有潜心学习并思考的人才能够真切体味。

四 在工作中学习

1938 年 3 月 15 日，毛泽东在抗日军政大学三大队毕业典礼上，对学员们说：“社会是学校，一切在工作中学习。学习的书有两种：有字的讲义是书，社会上的一切也是书——‘无字天书’。”[24]

在工作中学习，即向社会学习、向实际学习、向群众学习，一个最常见的方式，就是做调查研究。毛泽东一生中做过大量社会调查，这对于他了解中国的历史和现状，对于他将马克思主义普遍原理同中国革命的实际相结合，解决中国革命问题，起到了重要的甚至是决定性的作用。大革命时期，他通过调查研究，对中国社会各阶级的历史和现状做出了科学的分析。井冈山时期，他通过农村调查，制定了“井冈山土地法”。20 世纪 30 年代初，他通过寻乌调查，提出解决富农问题的基本政策；通过兴国调查，解决了贫农、雇农的问题；通过一系列农村调查，逐步形成了一整套解决农村土地问题的政策。新中国成立后，他曾用一个半月的时间做了一次系统的经济问题调查，写出《论十大关系》。1961 年 3 月，在广州会议上，毛泽东结合战争中的经验谈了做调查研究的重要性。他说：

我的经验历来如此，凡是忧愁没有办法的时候，就去调查研究，一经调查研究，办法就出来了，问题就解决了。打仗也是这样，凡是没有办法的时候，就去调查研究。在第二次反“围剿”的时候，兵少觉得很不好办，开头不了解情况，每天忧愁。我跟彭德怀两个人到白云山上跑了一天，察看地形，看了很多地方。我对彭德怀说，红一军团的四军、三军打正面，打两路，你的三军团全部打包抄，敌人一定会垮下去。如果不去看呢？就每天忧愁，就不知道如何打法。[25]

“凡是忧愁没有办法的时候，就去调查研究。”毛泽东的这句话显然具有普遍的指导意义。这正是“一切从实际出发”，而不是“从本本出发”的思想作风和工作作风的具体体现。毛泽东长期以来形成了一个习惯，每到一个地方，必先做两方面的调查研究：一是向人做调查，询问当地的政治、经济、文化、人民生活等现实情况；二是向书本做调查，了解当地的历史情况、地理沿革、文物掌故、风土人情以及地域文化等。1958 年 3 月，毛泽东首次到成都，主持中央工作会议。3 月 4 日下午，他一到成都，就立即要工作人员找来《四川省志》、《蜀本纪》、《华阳国志》等地方史志阅读。接着又要来《都江堰水利述要》、《灌县志》等地方志书籍，全面查阅了解四川的历史地理文化。[26]

毛泽东“没有调查就没有发言权”的著名论断以及他对地方史志文化的重视和青睐，形成了他“在工作中学习”的独特方式，也为我们把工作与学习相结合提供了有益借鉴。

以档案工作为例，我有一些切身体会。

2008 年 8 月，我新到档案工作岗位，对档案工作完全没有概念，陷于“忧愁没有办法”的困境。毛泽东“在工作中学习”的经验，给了我很多启发。为了取得对档案工作的发言权，我决定深入基层去做调查研究。

深入基层做调查研究,寻找解决问题的办法。

2009年春，我带领有关人员对所属二十多个立档单位进行了全面深入调研，了解掌握了很多第一手的情况，发现了三个方面的突出问题：一是各级领导对档案工作还比较重视，但是一线档案工作人员由于调整交流频繁，实际业务工作能力普遍较弱；二是各单位所收集保管的档案多限于红头文件等文书档案，不能完整全面地反映一个单位的历史面貌；三是各单位都保存有数量不等的历史遗留档案和历年组织重大活动的档案资料，但其保管状况令人担忧。通过调研，我感到当前亟须解决的主要不是认识问题，而是方法问题。认真研究后，经报请首长批准，我们采取了三项举措：一是组织所属立档单位档案工作骨干进行为期一周的业务集训，提高一线档案工作者的实际操作能力；二是拟制颁发《重大活动档案工作暂行规定》，并以此为依据，展开对重大活动档案资料进行抢救性收集；三是组织开展历史遗留档案专项收集工作。

这一个回合的工作初见成效后，又有两个问题困扰着我，一是档案工作与立档单位的关系问题，二是档案与资料的关系问题。

档案工作，从广义上讲，包括档案行政管理工作、档案教育工作、档案科学研究工作、档案出版工作以及档案馆（室）的业务工作等。立档单位，是军队档案工作的基本单位，在档案管理中体现为具有独立的全宗号；在实际工作中一般规定军级以上单位和独立的师（旅）级单位为立档单位。这也就是说，档案工作不仅仅是立档单位的工作，更不能仅限于档案馆（室）的业务工作，而应当延伸到每一级组织、每一个单位和个人。基于这样一个认识，我们接下来首先对直属单位的档案工作进行了检查调研，情况更加令人担忧。我用三句话来表达：触目惊心，刻不容缓，责无旁贷。我们立即采取三项举措：拟制《直属非立档单位档案工作细则》，呈批，颁布，实施；筹划组织直属单位档案工作骨干集训，提高基层部队的档案意识和实际工作能力;加强检查和指导,促进工作落实。同时,我们还对以往的《收集范围表》进行修订,转发了某集团军《团以下部(分)队档案工作实施细则》,把各单位《花名册》(延伸至连队《花名册》)纳入收集对象,使每一名官兵都能在历史档案中找到自己的位置。

关于档案与资料,这是一个存在争议的问题。争议来源于重大活动档案的收集。因为各单位抢救性收集上来的,大多是大本大本汇编的资料,而不是原本形态的档案。这样的资料到底该不该收,该不该进入档案馆永久保存?

这期间正好有一个插曲。2009年春节期间,我们在走访离退休老首长的时候,有位老首长反映了一件事。说是他在写一篇关于渡江战役的纪念文章,需要查阅当时参战部队的历史档案,就打电话给军区档案馆,接电话的同志弄清首长意图后,明确回答:新中国成立前军区的历史档案已全部移交军馆(解放军档案馆),您要查的档案我们馆里没有。老首长大约不太高兴,没过几天亲自到档案馆,先后查阅了《二十五军军战史》、《二十五军建军史》、《二十五军发展简史》等编研资料,结果在这些书中找到了二十五军所属某师的参战情况资料。老首长反映这个情况的意思是说,档案馆的同志要对馆藏档案十分熟悉,明明有的东西怎么说没有呢?但档案馆的同志也很冤,首长要查的"档案"确实没有,他后来是从编研"资料"里查到的,那不是"档案"。

还有一次切身体会。前不久,我在研究"皖南事变"的时候,为了弄清国民党第25军第108师参战情况的问题,需要到中国第二历史档案馆查阅有关国民党军的历史档案。到了那里后,得知档案原件为了加强管理,防止破损和丢失,已被全部封存,所有查档人员只能调阅缩微胶片。应该说,缩微胶片与档案原件并无大的差别,甚至调阅起来更为方便快捷,但无论档案原件还是缩微胶片,由于年代久远，加上有些手写档案笔迹不清，要想找到自己想要的档案，往往是十分困难的。我在那里整整泡了两天，结果还是无功而返。不过，那里的领导送了我一套他们自己编辑出版的《抗日战争时期国民党军机密作战日记》（上、中、下三卷）和一套《抗日战争正面战场》（上、中、下三卷）。结果，我在《第一〇八师戎纪五部机密作战日记》中，查到了该师 1941 年 1 月 23 日的作战日记，最后有这样一段“声明”：

> 本月二十日以前，本师以一部坚守阵地，防敌乘虚，以两团以上兵力参加剿匪战斗，彼时均归五二师指挥作战，所有战况、决心、处置未便参与记载，特志声明。[27]

这段记载正说明一〇八师并未整建制参加“皖南事变”的所谓“剿匪战斗”，而是以两团兵力配属五二师，“归五二师指挥作战”。其余兵力，包括另外两个团及炮兵营、工兵营、辎重营、通信营、骑兵连等，均在宣城以北地区“坚守阵地，防敌乘虚”，即防御日军乘虚而入。一〇八师师长戎纪五及其指挥所均未参与“皖南事变”的指挥作战，而是在对日前线指挥对日防御。

这样一个问题，起初我一直努力从国民党军原始档案中查阅相关记载而不得，最后终于从中国第二历史档案馆编研的史料中找到相关记录，问题才得以解决。

这两件事使我想到一个问题。由有关部门编著的我军《二十五军军战史》、《二十五军建军史》、《二十五军发展简史》和中国第二历史档案馆编写的《抗日战争时期国民党军机密作战日记》、《抗日战争正面战场》等诸如此类的“资料”，其内容的真实性、权威性，与原始档案具有几乎同等的历史可信度。这一点是不容置疑的。但它通常并不被视为“档案”。就档案的服务利用来说，平时我们出于各种研究课题需要而查阅参考的大量史料，主要并不是来自原始档案，而是来自各种编研的资料。1958 年毛泽东首次到成都，立即要来《四川省志》、《蜀本纪》、《华阳国志》、《都江堰水利述要》、《灌县志》等地方志书籍，查阅了解四川历史地理文化，而不是到四川省档案馆去查阅原始档案，正说明了这个问题。这表明，就内容来说，《四川省志》、《灌县志》以及《二十五军军战史》、《国民党军机密作战日记》等，与原始档案具有同等的参考价值。

基于此，我想是否可以引入两个概念："元档案"与"端档案"。

"元档案"即初始档案，"端档案"即派生档案。"元档案"以"载体"为核心，具有起始性和唯一性的特征，即它的核心价值依附在它的载体上，这种载体的复制品，包括高仿复制品，其价值与原始档案仍不可同日而语。"端档案"以"内容"为核心，具有派生性和多重性的特征，即它的主要价值体现在内容上，而不是载体上。就档案内容的服务利用来说，"端档案"与"元档案"往往具有同等的参考价值。"端档案"包括"元档案"的复印件、复制件、缩微胶卷以及各种编研的史志、典籍、资料等。而且这些典籍、资料，随着年代日渐久远，可能逐渐成为孤本、善本，理论上具有转化为"档案"的可能性，而在实际上则具有与档案的同等利用价值。正是基于这一考虑，我所以把它称为"端档案"。前一阶段，我们在重大活动档案工作中所收集的各种资料，即可归于"端档案"，加以保存和提供服务利用。

基于这样一种从工作实践中得来的理性认识，再用来指导实践，检讨我们的工作，我感到档案馆（室）的业务工作应当包括两个主要方面：一是加强"元档案"的保管，二是加强"端档案"的开发建设，总的目标是提供更好更多的服务利用。所以，我们继在档案馆建立"重大活动档案资料室"之后，又筹划建立了一个全新的"地方史志资料室"，用来陈列战区范围内的地方志、文史资料、历史文化名城(镇)史料,供首长机关和部队学习参考利用。2010年春,我们组织档案馆有关人员到皖南、苏北等新四军战斗活动的地区进行了调研,走访了这些地区的地方档案馆、纪念馆,对革命历史档案保管情况进行了调研摸底,并征集了部分有关新四军的档案史料和地方史志资料,初步建立了与这些地方档案部门的沟通联系。我们发现,战区五省一市文化底蕴深厚,很多地方物华天宝、人杰地灵,近年来编纂了大量史志资料,文化建设呈现繁荣发展的大好形势。这些史志资料,对于研究战区人文历史、兵要地志,加强部队文化建设和军事斗争准备,以及辅助当代革命军人核心价值观教育,具有十分重要的参考价值。为进一步丰富档案馆馆藏档案资源,积极服务于部队全面建设,我们以军区档案馆名义向战区所有六百多个县以上档案馆发函,征集地方志及文史资料,已取得初步成效。

这些即是我们在工作中学习思考的一些体会和收获。毛泽东指出:“当作一门科学,应当从分析矛盾出发,否则就不能成其为科学。”[28]我们正是从分析档案工作中遇到的两个主要矛盾出发,把档案工作作为一门科学来思考筹划和建设发展的。

在工作中学习,还有另一层含义,就是要使工作“学习化”。工作学习化不是一句简单的口号,而是对于工作的性质、态度和方法的一种根本性的转变。

工作学习化,正如冯友兰先生所言,就是要把工作“化”为学习的一部分,变成一种“非工作”而成为一种学习的过程。“学习化”的工作,不再是传统意义上的“上班”、干好职责内的具体事务、或完成领导交给的任务;而是要在这一切的基础之上,“用心”去干、“用心”去想、“用心”去学。其主要特征,就是不仅要“用力”,还要“用脑子”,更要“用心”(即“付出心血”)。

在工作中学习,使工作学习化应当把握三个环节:一是要“干好”工作。就是工作不能满足于一般的完成，干完了或者时间到了就结束了；而是要用“好”的标准来衡量。“好”的标准，就是客观上有利于生产力发展、战斗力建设，有利于推动各项建设科学发展；主观上要使领导及各方都满意。“好”与“不好”，是一种价值判断，它没有顶点，必须精益求精，“又好又快”。工作学习化，就是要树立一种“干好工作”而不是“完成工作”的价值标准。为了“干好工作”，常常需要把所学到的全部知识和技能运用于正在做的每一件事情上。

二是要“用心”工作。就是要用尽心力、付出心血地工作。“用心”工作包括两层含义：一层是要带着感情去工作，就是工作中要满怀热情，充满激情，这样才是真正热爱工作，才能激发才智和潜能；另一层是要殚精竭虑地工作，就是要用尽精力、费尽心思，这样工作才会有创新，才能取得令人满意的成果。

三是要有所长进。就是干工作不能满足于一般的工作任务完成，而是要一方面“使工作不断长进”，就是要把每一项工作任务作为整个建设工作的阶段性指标，使整体工作和长远建设因为每一项具体工作的完成而一步一个台阶地得到提高；另一方面是要“使工作能力不断长进”，就是使自己通过干好每一项具体工作来提高能力、增长才智。为此，必须“想好了再干”，干好了再想，想好了再干。干每一项工作都要善于梳理和总结，干一件事，前进一步，提高一个层次，这就是在工作中学习。

这种“在工作中学习”的过程，其实也是一种感性认识上升到理性认识的过程。是认识的第一个阶段。

五 在学习中工作

在学习中工作，本质上是一个理论指导实践的过程。

2006年，中央电视台播出电视连续剧《垂直打击》，在部队官兵中引起很大反响。该片是继《突出重围》、《DA师》、《沙场点兵》之后，反映我军官兵积极探索和实践信息化条件下作战训练、努力驾驭未来战争的又一部影视力作，是新时期我军官兵精神风貌的又一次艺术展现。为了全面梳理和正确引导官兵观看《垂直打击》所引发的思考与启示，我们组织有关人员就电视剧《垂直打击》召开了专题座谈会。会后，由我执笔起草了座谈会情况报告，从信息化建设、对抗训练、谋略训练、人才培养、战斗精神锤炼五个方面引发思考、梳理启示。该报告受到首长肯定，并批示："印发军区有关领导参阅。"报告中的一些观点和内容也被吸纳进军区党委扩大会首长讲话材料之中。

从电视剧的激烈对抗场景中，我们感到组织对抗训练的重要性，必须从实战需要出发，加强部队的"自主对抗"训练和演习。报告写道：

> 从《突出重围》、《DA师》、《沙场点兵》到《垂直打击》，都体现了"从实战出发"这一军事训练领域的共同特质。从电视剧中可以看出，"实战条件"、"实战标准"应具备一些基本的要素和指标：一是硝烟弥漫、战火纷飞、枪林弹雨的战场氛围，这是"实战"的外在体现。没有它，就缺少战场的气氛；有了它，才能够一下子把人们带入紧张激烈的"实战"氛围之中，让人全身心兴奋起来、紧张起来、精神起来，立刻获得一种身临其境的感受。二是"红蓝"双方的实际对抗，这是"实战条件"的本质内容，是构成"实战"的基本要件，包括实兵对抗、指挥谋略对抗和电子对抗三个方面。没有对抗，就不能成为"实战"，而仅仅是"作业"；有了双方的真对实抗，才具有"实战"的基本内涵。三

是复杂电磁环境，这是“实战条件”的时代特征。没有复杂电磁环境下的对抗训练，部队形成的作战能力就是不全面、有条件的，就难以打赢信息化条件下的局部战争。只有营造出近似实战条件下的复杂电磁环境，才能贴近实战，在实际信息攻防中发现问题、找到差距、拿出对策，才能在未来战争中立于不败之地。

人是战争胜负的决定因素，信息化战争也不例外。电视剧《垂直打击》也引发了我们对信息化条件下人才标准和人才建设问题的思考，我们感到必须坚持“打仗标准”，大力加强信息化人才培养。我在报告中写道：

信息化战争，呼唤信息化人才。电视剧中，杨亿在组建特战大队时，对入选队员的要求是，身高1.75米以上，军事科目优良，军事素质过硬。第一次淘汰不合格队员，全部是单纯以军事科目成绩为标准。在杨亿的头脑中，军人的体能和技能就是“打仗标准”(其实这更是一个“打架标准”)。随着特战大队训练、建设的逐步深入，以及信息化条件下作战任务的逐步明确，杨亿的认识逐渐发生了改变。他首先修正了选人“标准”，主动将身高不达标但“武功不错”的装备自动化研究员方亦红调入特战大队；接着电子信息专家谷晓楠，用自己的专业素质和技能，“逼”杨亿改变了对她个人的偏见，以身高体能都不达标的“劣势条件”进入特战大队。正是这两个特殊女性，在后来的空降作战对抗演习中发挥了无可替代的作用，甚至成为作战成败的关键因素。

这不得不引发我们对“打仗标准”的重新认识和思考。信息化条件下作战，必须把智能和信息运用能力纳入选拔和培养人才的“打仗标准”。要按照信息化作战的要求，把选拔和培养人才的“打仗标准”进行分类、分层、量化、细化和具体化，制定一个科学的切实可行的“人才标准”体系；摸清和掌握各级各类人才底数，以选准配齐“基本作战单元”的人才为重点，从营、连、排基层干部抓起，尽早合成，打牢专业技能和综合素质基础，着力培养指技合一的“复合型”人才。同时，要树立“培养重于选拔”的人才观，按照“信息化打仗标准”加强对各类人才的培养，尽可能把他们放到“近似实战”的环境下摔打锻炼，提高驾驭信息化条件下作战的能力素质。

这就是我们从一部电视剧中引发的思考、学到的东西，再结合部队建设中的一些现实问题，运用于指导我们的现实工作之中。

在一次直属单位档案骨干集训中。集训的第一课，是报告全区档案工作近年来的基本情况及工作打算。用一个什么题目呢？我脑子里忽然蹦出《目前的形势和任务》这个标题，就用《军区档案工作目前的形势和任务》。为什么选这样一个题目？这是从毛泽东那儿学来的。

一个时期以来，我在学习毛泽东时，发现他每次在重大战略阶段转换时特别善于分析形势、明确任务，在整个革命战争年代，毛泽东讲“形势和任务”这个题目至少有六次之多。

第一次是1935年11月30日，毛泽东在红一方面军营以上干部大会上作了《直罗战役总结同目前的形势与任务》的报告。当时，中央红军主力于10月19日到达陕北吴起镇，结束长征。不久与红15军团会师。11月20日至24日，红一方面军主力举行直罗镇战役，一举歼灭国民党军一个师又一个团，毙敌师长牛元峰，俘敌5300余人。打破了蒋介石的“围剿”，巩固了陕甘苏区，为党中央把全国革命大本营放在西北举行了奠基礼。战役结束没几天，毛泽东就作了这个报告。他在报告中分析了全国形势的新变化，敏锐地看到了抗日民主运动的高涨，提出党要积极参加和领导抗日民族战争的新的战略任务。[29]这次报告九天之后，北平爆发"一二·九"学生爱国运动，标志着中国革命开始进入向全国性对日武装抗战过渡的新阶段。

第二次是1937年11月12日，毛泽东在延安召开的党的活动分子会议上作了《上海太原失陷以后抗日战争的形势和任务》的报告。指出："在华北，以国民党为主体的正规战争已经结束，以共产党为主体的游击战争进入主要地位。在江浙，国民党的战线已被击破，日寇正向南京和长江流域进攻。国民党的片面抗战已表现不能持久。""因此，目前是处在从片面抗战到全面抗战的过渡期中"，争取实现全面抗战是"一切中国人民的共同的迫切的任务"。报告还提出目前"在党内在全国均须反对投降主义"的任务，和党的抗日民族统一战线的路线及其领导权问题。[30]这个报告，为我党我军进入抗日战争战略相持阶段并取得抗日民族统一战线领导权，做了思想上组织上的准备。

第三次是1939年10月10日，毛泽东为中共中央起草了《目前形势和党的任务》的决定。他指出：在抗日战争战略相持阶段基本已经到来的形势下，我们的任务，仍然是协同全国一切爱国分子，动员群众，切实执行"坚持抗战、反对投降"，"坚持团结、反对分裂"，"坚持进步、反对倒退"三大政治口号，以准备反攻力量。"同时，我党各级领导机关和全体同志，应该提高对当前时局的警觉性，用全力从思想上、政治上、组织上巩固我们的党，巩固党所领导的军队和政权，以准备对付可能的危害中国革命的突然事变，使党和革命在可能的突然事变中不致遭受意外的损失。"[31]这个决定，对于打退即将到来的国民党顽固派第一次反共高潮以及后来的第二、第三次反共高潮，进行了思想上、政治上的必要准备。

第四次是1945年8月13日，毛泽东在延安干部会议上作了《抗日战争胜利后的时局和我们的方针》的讲演。深刻分析了抗日战争胜利后中国政治的基本形势，指出："抗战的胜利应当是人民的胜利，抗战的果实应当归给人民。"针对国民党蒋介石的军事进攻和反动行经，我党应采取"针锋相对，寸土必争"的方针及其必要的革命策略。[32]

第五次是1947年12月25日，毛泽东在陕北米脂杨家沟举行的中央会议上作了《目前形势和我们的任务》的报告。进一步阐明了在打倒蒋介石反动统治集团、建立新民主主义中国的整个历史时期内我党的政治、经济、军事纲领，此外还系统、科学地总结了我军长期作战的经验，提出了著名的"十大军事原则"以及"整个地打倒蒋介石反动统治集团，建立新民主主义中国"的新任务。[33]

第六次是1949年1月8日，中共中央政治局会议通过了毛泽东起草的《目前形势和党在一九四九年的任务》的党内指示。"指示"从六个方面分析了进入新的一年党面临的新形势，指出："我们已经完全有把握地在全国范围内战胜国民党。一九四九年和一九五〇年将是中国革命在全国范围内胜利的两年。我们必须将革命进行到底，而不容许半途而废。"针对蒋介石1949年元旦发出的求和声明，"指示"明确提醒全党，对"国民党的所谓和平谈判的阴谋必须继续地给以揭露和打击"。"指示"还规定了党在1949年17个方面的主要任务。[34]

除此之外，1946年7月3日至11日，根据中共中央的指示，中共东北局在哈尔滨召开扩大会议，7日，通过陈云起草的《东北的形势和任务》的决议。11日，毛泽东致电林彪，对这份决议提出了非常具体的修改意见。[35]

由此可见,毛泽东在中国革命每一次重大转折时期或斗争阶段,都要对当时的形势进行认真缜密的分析,提出明确的方针和任务。这是我们党的革命历史的一条成功经验。所以,研究党和军队的历史,学习毛泽东,不仅要学习毛泽东思想,还要学习毛泽东的思想方法、工作方法。这是一个方面。

另一方面,这些革命战争时期的珍贵文献档案,是当时无数的机要人员冒着生命危险、克服种种困难才得以留存下来的,很多人为此付出了生命。如果没有这些历史文献档案,我们就无法研究和撰写党和军队的历史。所以说,没有档案,就没有历史。这是说档案的重要性。

档案工作现在也面临一个新的形势,“十二五”规划正待展开,所以很有必要对档案工作目前的形势进行一个认真的分析,对下一阶段的工作任务进行一个总的构设。

我在集训班的正式讲课中,首先讲了以上这样一段比较长的开场白,一来交代了我选《军区档案工作目前的形势和任务》这个题目的由来,二来也借此阐明了历史文献档案的重要性。这样一个开场白,出乎大家的意料,收到了比较好的效果。

在学习中工作,对于平常的工作也具有许多实际意义。比如,组织一个会议或者一项研讨观摩活动,从一开始思考筹划、制订方案,就要想到向前人或他人学习,查阅以往或其他单位组织此类会议或类似观摩活动的档案资料,参照学习别人的经验。再比如,受领一项文字任务:起草一份讲话材料,或者发一份公函、一个通知、一个报告,等等——这是机关人员的经常性的业务工作——有些刚参加工作的人,往往不知从何下手,在电脑前一坐几个小时,苦思冥想,劳神费力,或者想当然地写,结果搞出来的东西完全不是那么回事。这就是一个工作的方法问题。受领一项任务，不能不问青红皂白、想当然地着手展开，而要虚心求教，不懂就问，不会就学，准确理解意图，弄清任务性质，把握有关要求，尽可能地找来相关资料，学习借鉴已有成果。这是少走弯路、提高工作效率的重要方法。

在学习中工作，还有对于学习方法的一般意义，就是要使学习"工作化"。学习工作化，就是要把学习"化"为一种工作，在时间、内容、效果上"量化"学习、落实学习。对待学习要像对待工作一样，有目标、有计划、有措施、有检查，把学习内容与实际工作相结合、相统一，把从事的工作当做学问来学习、研究。

如何使学习工作化，我感到似应做到以下三点：一是要树立"学习就是工作"的理念。常有人说，工作太忙，没时间学习。这是把学习与工作放在了对立的位置。学习工作化，就是要把"工学矛盾"转化为"工学统一"，在学习中工作，在工作中学习。通过学习增强能力，提高工作效率；围绕工作需要展开学习，提高学习的针对性有效性。二是要坚持学以致用的原则。一方面，工作中需要什么，就学什么；什么不懂，就学什么。学习要有很强的目的性，而不是漫无目的地翻翻书、看看报，这些消遣性的阅读浏览其实不能算是学习。另一方面，要尽可能将学得的知识、技能运用于工作实践，以检验学习的质量和效益，并根据工作实际适时调整学习方向，以提高工作质量效益和提高工作能力为目标，不断改进我们的学习。三是要做到随时随处随人学习。中国有句话叫"处处留心皆学问"，说的是无论干什么事，只要留心去学习、去钻研，都有学问，都会有收获。孔子说："三人行，必有我师。择其善者而从之，其不善者而改之。"说的是要善于从别人身上学习，取人之长补己之短，还要发现别人的短处以警醒自己，有则改之，无则加勉。在我们这个大集体中，各人都有各人的特点，有的人协调能力比较强，有的人文字能力不错，有的人善于抓宏观把握全局，有的人善于抓落实抓细节，等等，各有所长。在学习中工作，就是要看到大家在一起不但是同事，一同工作，还是“同学”，要共同学习；不但是战友，一起战斗、训练，也是“学友”，要互相学习。在共同的工作、学习中完成任务、提高能力、增进了解、培养感情。这样，我们这个团队、这个组织才能真正成为“学习型团队”、“学习型组织”。

在工作中学习，在学习中工作，即工作“学习化”，学习“工作化”，是一个问题的两个方面，是有机的辩证统一，相辅相成。缺乏学习的工作，是低级的“流水线作业”，是简单劳动；脱离工作的学习，是幼稚的“书呆子”，是“纸上谈兵”，对于实际工作往往是有害的。任何有失偏颇或流于形式的工作、学习，都是对学习与工作依存关系的曲解。我们处在各个工作岗位，在繁忙的日常工作之余，应尽可能拔冗而出，做到心无旁骛地潜心于本职工作的学习、总结和研究，不断提高自己的工作能力和学习能力，使自己成为各个岗位、各个领域的专家能手“明白人”。

六 理论联系实际

毛泽东在中国革命斗争实践中，专门论述学习问题，至少有五次之多。

第一次是 1930 年 5 月，为反对当时红军中的教条主义，毛泽东写了《反对本本主义》一文，他从许多读过马克思主义“本本”的人反而成了革命的叛徒，而那些不识字的工人常常能够很好地掌握马克思主义这样一个实际出发，提出“没有调查，没有发言权”的著名论断。指出：“马克思主义的‘本本’是要学习的，但是必须同我国的实际情况相结合。我们需要‘本本’，但是一定要纠正脱离实际情况的本本主义。”强调“中国革命斗争的胜利要靠中国同志了解中国情况”[36]。

第二次是1936年12月，毛泽东在《中国革命战争的战略问题》这部著作的第一章“如何研究战争”中，专门用了一节即第四节写“重要的问题在善于学习”，提出“从战争中学习战争”的著名论断，指出：“做一个真正能干的高级指挥员，不是初出茅庐或仅仅善于在纸上谈兵的角色所能办到的，必须在战争中学习才能办得到。”又说：“读书是学习，使用也是学习，而且是更重要的学习。从战争中学习战争——这是我们的主要方法。”[37]

第三次是1938年10月，毛泽东在中共六届六中全会《论新阶段》的政治报告中，专门讲了“学习”问题，指出：“马克思主义必须和我国的具体特点相结合并通过一定的民族形式才能实现。”“马克思列宁主义的伟大力量，就在于它是和各个国家具体的革命实践相联系的。”“对于中国共产党来说，就是要学会把马克思列宁主义的理论应用于中国的具体的环境”，因此，“使马克思主义在中国具体化，使之在其每一表现中带着必须有的中国的特性”，即按照中国的实际特点去应用马克思主义，已经“成为全党亟待了解并亟须解决的问题”[38]。

第四次是1941年5月，毛泽东在延安干部大会上作了《改造我们的学习》的报告，随后又于1942年2月作了《整顿党的作风》、《反对党八股》两篇报告，构成毛泽东关于“整风运动”的三大基本著作。在这些文章里，毛泽东分析了广泛存在于党内的非马克思、列宁主义的思想作风，主要是主观主义的倾向、宗派主义的倾向和作为这两种倾向的表现形式的党八股，提出：“反对主观主义以整顿学风，反对宗派主义以整顿党风，反对党八股以整顿文风。”[39]毛泽东把马克思、列宁主义的普遍真理同中国革命的具体实践相结合，第一次科学地提出了“马克思主义的立场、观点和方法”的概念，号召在全党范围内开展马克思、列宁主义的教育运动，即按照马克思、列宁主义的思想原则整顿作风的运动。这次延安整风运动，巩固了马克思、列宁主义在党内外的阵地，使广大党员干部在政治思想上大大地提高了一步。

第五次是 1944 年 4 月，毛泽东在延安高级干部会议上作了《学习和时局》的讲演。毛泽东在讲演中充分肯定了“具体问题具体分析”这一“马克思主义的活的灵魂”，提出要“继续深入地进行整风学习”，克服教条主义和经验主义的思想残余，进一步提高党的干部的马克思、列宁主义思想水平。[40]这一时期，党的高级干部对党内历史上两条路线斗争进行的学习讨论和彻底清算，为 1945 年召开的中共七大做了重要的准备，使中共七大达到了我党前所未有的思想上、政治上的一致。

台湾的毛泽东研究权威学者、《新新闻》周刊副社长杨照在他所撰写的台版《毛泽东语录・导读》开篇就说：“毛泽东是个现实的策略家，他对共产党最大的贡献，而且他之所以成为中共的领导人，正在于他从来没有真心相信过马克思主义教条，也没有真正服从过共产国际的路线指示。”[41]

我们说，真正的马克思主义者，从来都排斥以教条主义的态度从马克思主义那里寻求答案的做法，而是把握深蕴其中的马克思主义的根本和实质，以之为指导来正确说明和解决现实运动中的问题。马克思主义的这一根本和实质，不仅被毛泽东用中国语言概括为“马克思主义的立场、观点和方法”，而且赋予其以中国共产党人特色的科学阐释：实事求是，群众路线，独立自主。只有从世界观和方法论、真理观和价值观相统一的高度，才能正确解读马克思主义的立场、观点和方法，从而真正形成关于这一概念的科学阐释并准确把握蕴涵其中的精神实质。

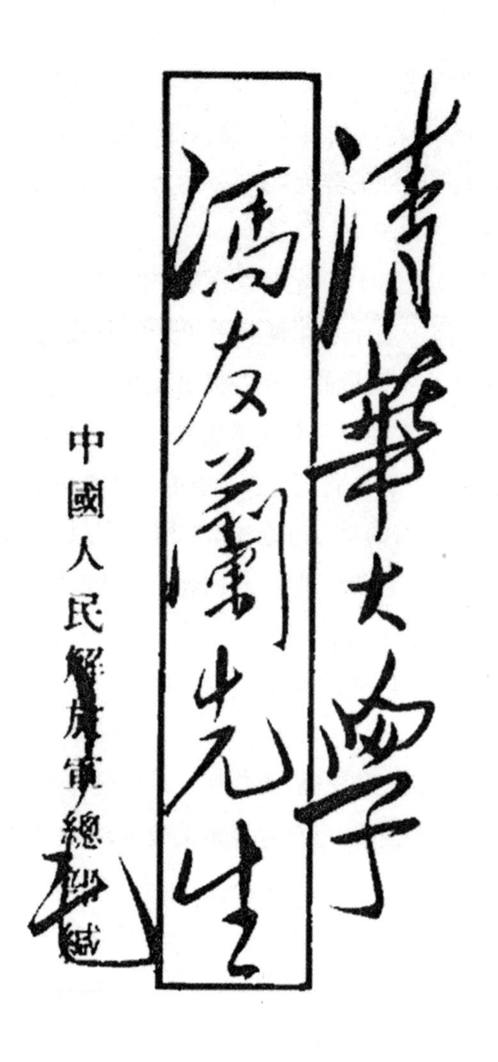

1949 年，毛泽东给冯友兰回信的手迹。

然而，真正理解和掌握马克思主义的立场、观点和方法，绝非一朝一夕之功。

1949年10月，新中国成立之初，一大批国民党时代的名流纷纷写信给党中央，表明自己的政治态度和政治立场。当时在清华大学担任校务委员会主席的著名学者冯友兰先生也给毛泽东主席写了一封信。这封信的大致意思是：我现在决心改造思想，学习马克思主义，准备于五年之内用马克思主义的立场、观点和方法，重新写一部中国哲学史。

过了几天，冯友兰意外地收到毛泽东的回信，原文是：

友兰先生：

十月五日来函已悉。我们是欢迎人们进步的。像你这样的人，过去犯过错误，现在准备改正错误，如果能实践，那是好的。也不必急于求效，可以慢慢地改，总以采取老实态度为宜。此复，敬颂

教祺！

毛泽东

十月十三日

冯友兰没想到毛泽东的回信来得如此之快，并且还是他的亲笔信，当时颇感意外。但对信中“总以采取老实态度为宜”这一句最重要的话，他的心中有些不快和反感。30多年后，到20世纪80年代，冯友兰回忆这段往事时写道：

我当时想，什么是老实态度，我有什么不老实。

经过了三十多年的锻炼，我现在才开始懂得这句话了。我说我要用马克思主义的立场、观点、方法，在五年之内重写一部中国哲学史，这话真是肤浅之至，幼稚之极。学习马克思主义，

掌握马克思主义的立场、观点、方法，谈何容易，至于要应用它到哲学史的研究工作中，那就更困难了。要想真正应用它到实际工作中去，那就非把它化为自己的思想的一部分不可。有一个会开汽车的朋友告诉我说：开车开到熟练的时候，车就像自己的身体的一部分，车的四个轮子，就好像自己的两条腿一样。一个人在人丛中走来走去，但不会碰到一个人。一个会开车的人，在众车之间行走，如果车像他的身体的一部分，决不会碰车。哪个地方车能钻过去，哪个地方钻不过去，他是一望而知，不假思索就可以决定的。我想：一个战士用他的武器，到最熟练的时候，也会觉得他的武器就成为像他的身体的一部分，就像他的手脚一样，达到这种程度，就叫做"化"。学习马克思主义，也得马克思主义"化"了才行，这样的"化"岂是三年五载的时间所能完成的？没有这样的程度，而要重新写《中国哲学史》，那也不会新到那里，充其量也不过是用马克思主义的字句生搬硬套而已。可是在那个时候，就说出那样的话，明眼人一看就知道是大话、空话、假话。夸夸其谈，没有实际的内容，这就不是老实态度。[42]

后来，冯友兰不是用5年，而是用30年完成了七卷本《中国哲学史新编》，从而奠定了他在中国现代史上当之无愧的哲学大师的地位。

还有一个例子。1957年3月12日，在全国宣传工作会议上亲耳聆听了毛泽东讲话的著名翻译家傅雷，后来在一封家书中十分动情地写道：

毛主席的讲话，那种口吻、音调，特别亲切平易，极富于幽默感；而且没有教训口气，速度恰当，间以适当的 pause(停顿)，笔记无法传达。他的马克思主义是到了化境的，随手拈来，都成妙谛，出之以极自然的态度，无形中渗透听众的心。讲话的逻辑都是隐而不露，真是艺术高手。……他的胸襟博大，思想自由，当然国家大事掌握得好了。毛主席是真正把古今中外的哲理融会贯通了的人。[43]

理论联系实际，或者说理论与实践相结合，是马克思、列宁主义的一个根本原则，也是我们今天仍然要坚持的学习方法。它的基本内涵应当包括三个方面：一是理论必须直接或间接地与实际相结合，脱离实际的理论是空洞的理论，用于指导实践则往往成为僵死的教条主义。二是实践必须以科学的理论为指导，缺乏理论指导的实践是盲目的实践，在实际工作中则往往成为顽固的经验主义。三是学习理论必须努力掌握其精髓，并使之"化"为自身的素养和能力，进而用于指导我们的实践活动，并在实践中接受检验和发展。总之，理论与实践的结合，是一定要达到这种"化"境的融合，而不是表面上、形式上的结合，方才有效。

七 带着问题学

带着问题学，是学习的重要方法，也是最能够学有所获的重要途径。宋儒张载说："读书先要会疑。于不疑处有疑，方是进矣。"又说："在可疑而不疑者，不曾学。学则须疑。"以怀疑的态度，带着问题学，需要有对问题的敏锐的捕捉力、旁征博引的洞察力和锲而不舍的学习钻研精神。

毛泽东的读书学习几乎渗透到他生活的各个方面。有时看到一篇文章，或者听一个讲演、探讨一个问题，甚至看了一出戏，往往都要查阅有关书籍，进一步研究和学习，从不放过任何一个问题、一个疑点。1958年7月2日，毛泽东参观机床展览后，对这些机械的工作原理产生疑问，回到住所就要工作人员找来《无线电台是怎样工作的》、《1616型高速普通车床》等图书资料。1959年1月2日，苏联发射一枚火箭。毛泽东又要来关于火箭、人造卫星和宇宙飞船的资料，认真学习，非把心中的疑问搞清楚决不罢休。

我们在平常的工作和学习中，也常常遇到一些疑惑和问题。比如，我们在研究解放战争史的时候，发现粟裕曾先后三次向中央军委提出建议，推迟"出击外线"，在华东战场依托内线有利条件大量歼敌，并且三次建议均为中央采纳。这反映了粟裕的战略战役素质，说明他是我军不可多得的高级将才。但我在想，这个问题反过来看，便有问题可挖。中央为何接二连三地要粟裕率部出击外线？难道中央有错吗？

带着这个问题，我查阅了大量资料，对解放战争的前因后果做了认真深入的分析研究，后来终于在研究"挺进大别山"的战略行动中获得了一些启发。我在拙著《决战从这里开始》中集中分析了"挺进大别山"的战略目的，主要有三：一是转入外线作战，实施战略进攻。"外线作战与战略进攻同一概念，由战略内线转入外线作战，主要目的在于夺取战略主动权，实施战略进攻。任何战争，都必然要通过外线作战，实施强有力的战略进攻，才有可能夺取战争的全面胜利。""这也就是说，无论内线作战多么有利，我们还是要准备转入外线作战，哪怕付出重大代价，只要能逐步变内线优势为外线优势，那么付出大的代价也是值得的。"早在全面内战爆发前，中央就制定了一个外线作战的战略计划，包括要求华野主力不少于15个团兵力出击津浦路转入外线作战，但后来由于形势所迫，我军还不具备在战略外线与蒋介石一争高低的实力和条件(这就为中央接受粟裕多次建议暂缓出击外线继续留在华东内线战场大量歼灭敌人提供了客观前提)，不得不暂取内线作战的战略方针，在战略内线大量歼灭敌人，逐步改变敌我力量对比，为转入外线进攻创造条件。当刘、邓大军开始由鲁西南地区南下，并最终确立了三军配合，共同经略中原的战略布局后，毛泽东于 8 月 11 日指出：挺进大别山“总的意图是将战争引向国民党区域”。9 月 1 日，毛泽东又在《解放战争第二年的战略方针》的指示中，明确规定“我军第二年作战的基本任务是：举行全国性的反攻，即以主力打到外线去，将战争引向国民党区域，在外线大量歼敌，彻底破坏国民党将战争继续引向解放区、进一步破坏和消耗解放区的人力物力、使我不能持久的反革命战略方针”。二是援助中原五师，使其不被敌歼灭。“由李先念、郑位三、王树声等领导的中原解放区部队是由新四军第五师发展而来的。这支部队里保留了原红四方面军西路军失败后残存的革命火种，他们对中国革命有过不朽的贡献，是许多重大历史事件的见证。毛泽东对这支部队的安危一直非常关注。”“援助五师在中央决策出击中原战略行动中，占据着相当重要的分量。”三是开辟外线战场，使内、外线相互配合。毛泽东曾明确电告华野首长：全国各战场转入外线攻势的意义，“均是帮助主要战场山东打破敌人进攻。……刘、邓下月出击作用也是如此”。当然，刘、邓大军出击中原，不可能完全以帮助华野打破敌人进攻为目的。因为当刘、邓野战军出击鲁西南后，中央即令华野分兵转入外线，并且受刘、邓指挥，共同经略中原。这里，我提出了自己的分析和理解：“1947 年 5 月份，山东内线战场是全国战争的重心和焦点，当时中央决策刘、邓大军出击中原，或许真的包含以帮助华野打破敌人重点进攻为目的的成分。但到 7 月，刘、邓大军南渡黄河，发起鲁西南战役后，全国战场形势发生了根本性转变。全国战局的重心由山东内线转到了中原外线。特别是当刘、邓大军挺进大别山后，中央看到全国战局极其有利，决定将这一战略出击导向全面的战略进攻。于是，要求陈、粟，陈、谢两军均配合刘、邓作战，并受其统一指挥，共同经略中原。这是随着战略形势的转变而对战略目的做适时调整，使我之战略行动时时适应客观战略形势的需要，故能始终保持战略上的主动地位。”[44]

这个问题看起来有些复杂，它揭示了一个规律性的东西，就是："战争是政治的继续。战场作战必须服从和服务于政治斗争的需要。这是一个方面。但另一方面，还要看到战争自身特殊的规律性。战场作战的成败及其经验与教训，又往往反过来对政治斗争和战略决策产生一定的反作用，影响甚至左右着战争指导者的思维和意志。”[45]二者不可偏废。

我的老家在皖南山区一个风景秀丽的山村，这里遍布着许多大大小小的石灰石岩洞，一些较大的岩洞内至今还有清晰可见的摩崖石刻。在一个半山腰上的名为"朝阳洞"的石壁上，有一处"凤鸣"的石刻，落款为"郡守罗汝芳"；在另一个距此以东百丈的"山门洞"的石壁上，有一处"云光"的石刻，落款为"近溪题"。因这两处石刻均在头顶上方不高的位置，而且字少好认，所以留下深刻印象。其余除"僊苔古壁"、"佛座灵巖"、"月峰天洞"外，要么字多潦草，要么位置太高，均不能看清而印象不深。"罗汝芳"是谁？"近溪"又是谁？这些石刻究是何时留下的？这样的问题差不多从我年少时就一直困扰着我，也成为我探究学问的一个特殊情结。

直到前些年，一次偶然的机会，我从陈来的《宋明理学》一书中读到"罗汝芳"三个字，忽然眼睛一亮！莫非此"罗汝芳"就是老家那石刻上的"罗汝芳"？我急切地翻到第七节，见有如下文字：

罗汝芳(1515—1588)，字惟德，号近溪，江西南城人。嘉靖三十二年(1553)进士,曾知太湖县,后历任刑部主事、知宁国府、东昌府、云南副使、参政。万历五年(1557)张居正为了打击他的讲学活动,使人弹劾他,遂被旨令致仕,但他仍然四处奔走讲学,万历十六年(1588)卒,年74岁。[46]

再往后看,便是些"赤子"、"当下"、"格物"之类的理学或心学理论。我细细地看过一遍,想从中再找些罗近溪的有关生平事迹,却不得。于是,我抱着侥幸的心态查阅《辞海》,不想正有"罗汝芳"的词条,看来此人来头不小:

罗汝芳(1515—1588),明学者,泰州学派代表人物之一。为阳明学派中更接近禅宗的一派。字惟德,号近溪,南城(今属江西)人。嘉靖进士。曾任刑部主事,官至参政。学于颜钧。曾以公堂为聚众讲学场所。在"致良知"上,主张"以赤子之心,不学不虑为的,以天地万物同体,彻形骸忘物我为大"(见黄宗羲《明儒学案》)。著作有《近溪子集》。

"泰州学派"、"阳明学派"、"明儒学案",顺着这些线索,我买来了黄宗羲的《明儒学案》,但竖排繁体,读起来甚不方便。于是又先后购得钱穆的《宋明理学概述》,侯外庐的《宋明理学史》,吴震的《泰州学派研究》、《罗汝芳评传》,宣朝庆的《泰州学派的精神世界与乡村建设》等,按图索骥地找寻着有关罗汝芳生平学说的只言片语。

看来没错!正是那个"郡守罗汝芳"。他于1562年至1565年间出任宁国府知府。据称,在此期间,他"以学会、乡约治郡","联合乡村,各兴讲会",制定《宁国府乡约训语》,将"圣谕六言"(即朱元璋于洪武三十一年[1398]颁布的《教民榜文》中的六句话:"孝顺父母,恭敬长上,和睦乡里,教训子孙,各安生理,勿作非为")纳入其中,并以通俗的语言对此做了演绎解释,完成了《太祖圣谕演训》。1564年合宁国府六县(宣城、泾县、太平、宁国、南陵、旌德),举行了声势浩大的“六邑大会”。其间常在南京举行讲会,将徽州、南畿一带的讲学运动推向高潮,起到了“教化大行,远迩向风”的社会效果。[47]

罗汝芳在宁国山门洞留下“凤鸣”、“云光”二处石刻,并没有注明书刻的具体时间,从“凤鸣”的落款“郡守罗汝芳”来推测,应是在他知宁国府的任上,即1562年至1565年间。万历五年(1577),罗汝芳以云南地方官员代表的身份,入京为万历帝祝寿。正值该年为会试年,各地学子云集京师,罗汝芳终日与同志讲学,与僧侣辈为伍“谈禅”。首辅张居正遣子往听之,近溪却赠以《太上感应书》,令张居正颇不悦。张居正遂使人弹劾了罗近溪,并在全国实行严禁讲学的政策。直到1582年张居正辞世后,罗汝芳的讲学活动才又逐渐恢复起来。根据他的行踪,1585年在南昌举行大会,此前一直在江西他的家乡周边活动;1586年出游南京,滞留月余,举办“兴善会”、“鸡鸣寺凭虚阁大会”,后又讲会于芜湖、泾县、宁国等地。[48]也就是说,罗汝芳在生命的最后两年还到过皖南,频繁举行讲会活动。

那么,罗汝芳所作“凤鸣”、“云光”二处石刻,有何含义呢?这个问题,我起先百思不得其解。后来听一位云游的僧人说,“凤鸣”二字刻在朝阳洞临崖的一处仰壁上,位于半山腰的两洞相交处,这里常有山风呼啸而过,经多次回旋,立于此处聆听,犹如凤之长鸣。而“云光”字处,可向西遥望文脊山落日余晖,云蒸霞蔚,便可见“云光”了。我想,此二处石刻,一处靠听觉来闻,一处靠视觉来看,但绝非一般耳聪目明的人都能听到那悦声、看到那奇观,能够从呼啸山风中闻见“凤鸣”之声,从落日余晖中看出“云光”之美,那一定要心中有此意念才行的。这大概与罗近溪的“心学”不无关联。

后来我又想,罗汝芳的心学,乃至泰州学派、宋明理学,对近世儒学应该有些影响,不然新儒家的代表们如牟宗三、唐君毅、张君劢等，为何对此均有相当研究。于是我又读了牟宗三、唐君毅、张君劢们的书。读了《中国现代哲学》，在“梁漱溟的哲学思想”一章中，读到这样一段话，令我十分兴奋：

> 1920年春，梁漱溟作过宗教问题学术讲演后，甚感“思路窘涩、头脑紊乱”，对佛学的出世说产生疑虑。后取出《明儒学案》再次翻阅，感触良多，特别是东崖语录里说的“百虑交锢，血气靡宁”，正像是照出了他此时的心境。这样，他毅然放弃出家之念。又过一年，经马一浮先生推荐，读其所赠宋儒杨慈湖、明儒罗近溪著作，开始在自己思想中，升高了儒学的位置。[49]

宋儒杨慈湖，乃杨简(1141—1225)，号慈湖，南宋哲学家，陆九渊弟子，其著作由后人编为《慈湖遗书》。明儒罗近溪，即罗汝芳，他的著作应该就是《近溪子集》了。由此，我对梁漱溟其人其事又产生极大兴趣。于是找来《梁漱溟自述》、《思想奇人梁漱溟》以及他的《东西文化及其哲学》、《中国文化要义》等，似懂非懂地读起来，多多少少也有了一些收获。我觉得，梁漱溟不但在由佛转儒的思想变化过程中受到宋明理学的很大触动，而且他早期致力于乡村建设，兴办乡学，可能多少还受了泰州学派尤其是罗汝芳大办讲会活动的影响。

梁漱溟被誉为“民盟之父”，而他“辛苦创成”民盟[50]的背景和时机，正是国共矛盾日剧的“皖南事变”前后。并且宁国还是国民党军发动“皖南事变”的重兵云集和前线总指挥部驻扎之地。于是，我又找来“皖南事变”方面的书籍史料，发现这里头也颇有文章。

事变前，国民党第25军军部于1940年10月移驻宁国山门洞。就在罗汝芳所刻“凤鸣”、“云光”两处山洞之间，唐贞元年间(785—804)曾于此建有灵岩寺。而此时国民党25军军部就设于此寺中。据说，中将军长张文清是一位“文静好学”的儒将，常于闲暇时携书来山洞中阅读。张文清系原东北军将领，保定军校第八期炮科毕业，后入陆军大学第七期深造，曾在张学良身边任中校参谋。“皖南事变”中，张文清担任参战的国民党军右翼军总指挥，但奇怪的是，张文清并没有亲临前线指挥，而是由第32集团军总司令上官云相直接指挥右翼军作战。后来新四军军长叶挺下山被扣后，径直被送到山门洞的25军军部关押了两天。[51]据曾在该军部服役的国民党老兵回忆，张文清对叶挺十分客气，临走时还安排轿子送叶挺将军到位于宁国万福村的第32集团军总部，俨然是在送一位贵客，而绝非战俘。

不知张文清在山门洞期间是否读过《明儒学案》或《近溪子集》，但他在岩洞中休憩读书时一定是看到过罗近溪的“凤鸣”、“云光”等石刻的，想必对近溪其人其事也多少有所耳闻。罗汝芳在知宁国府期间，“曾以公堂为聚众讲学场所”。相传，曾有两兄弟因争夺家产而诉讼公堂，罗知府并不逼之以刑讯，而是以“孝弟慈”为主旨，大讲父母养育之恩兄弟手足之亲情，晓之以理，喻之以情，他自己竟说得泪流满面，那两兄弟亦被感动得潸然泪下，遂罢讼。

罗汝芳的生平学说，能够促使梁漱溟由佛转儒，并在他的思想中“升高了儒学的位置”。我就在想，“文静好学”的张文清能否也从这里受些启发，从而“放下屠刀，立地成佛”？我不能枉下结论。但后来的事实是，身为右翼军总指挥的张文清并未直接参与“围剿”新四军的作战指挥，其起家之本、原东北军第108师主力也主要在芜湖、宣城一线向北防御，“坚守阵地，防敌乘虚”，而仅以两团兵力在茂林战事行将结束时“参加剿匪战斗”，且归第52师指挥。再后来，张文清于1943年改任第25集团军副总司令，其25军军长之职由黄百韬接任。抗战胜利后不久改任豫东师管区司令，完全未参加国共大战。1948年12月请准退役，举家到长沙做点小生意以维持生计。

山门洞——“皖南事变”前后，国民党第25军军部曾在此驻扎。

为了了解更多有关张文清的生平事实，我又辗转从其老家河南省新乡市政协文史委找到一些地方史志资料，但对张文清是怎么死的，各家资料中均只字未提。怀着好奇之心，我终于通过新乡县文史委的一位工作人员，找到张文清老家金家营村的一位张姓书记。他告诉我说，1950 年的某天傍晚，张文清在长沙做完一天的生意，正准备收摊吃饭，忽然来了三位着制服的解放军同志，说是政府要找张文清去交待一些事，就把他带走了，之后再未回来，后来听说他病故了，大约在 1951 年。我又从新乡市文史委处找到一本他们编写的《东北军将领张文清》，收录有张文清在新中国成立后的一份交代材料，其中回顾了他的戎马生涯：

> 我是东北军张学良的部下，民国廿三年七月间在豫南潢川、光山一带参加过迫害人民的战争，此时我是 129 师上校参谋长，除与徐海东所部接触外，无大战事。10 月调湖北荆门驻防。廿四年随 67 军王以哲去解陕北延安府之围，一枪未放，人民解放军自行撤出，并无战事。数日后国民党 110 师某部在甘泉被围，110 师主力在劳山被解放军消灭，109 师也被消灭，107 师之高(福源)团在榆林桥被歼，高团长被俘，彭德怀司令员叫高团长到甘泉、洛川说服王以哲投降，以后又坐飞机到延安与人民军要人讲条件，延安、甘泉之围始解。自此以后，我东北军部队就没有与人民军队做过正面冲突了。
>
> “西安事变”后，我在固原领着 108、117 师、骑兵第 3 师与胡宗南对峙于造南山地，人民解放军得以趁此机会由清旺堡、合泉向延安安全转进。
>
> 廿九年冬，在皖南宣城对日作战中，一举攻克该城。廿九年我任 108 师师长兼 25 军副军长时，在皖南泾县与新四军作

战，系奉军长王敬久转上官云相的命令说新四军要渡江北上，叫我师招待及监视，统计两三天时间过去三四千人，又过两天说新四军在茂林附近与40师打起来了，接着又开到陶柳师及川军唐式遵的四个团，52师在泾源附近也参加了战事，隔了十几天，战斗将结束时，我师奉命派夏（树勋）旅长带领两个团参加战斗，当时的任务，一个团驻赤潭，保护司令部。一个团接收俘虏。归52师刘秉哲师长指挥，经过二十多天山地战，叶挺军长一定叫我108师接他，否则坚不下山，结果还是我部将他接下山来。

以上是我一生与人民军所接触的总结。从思想上说，我早已投向人民军的怀抱。"西安事变"后，被反动派秘密监视，自感势孤，无能所至，罪大恶极，虚心领罪。[52]

同一本资料中还收录了张文清的大女儿张心慧一篇回忆父亲的文章，其中写道：

我父亲文静好学，恰逢其三爷膝下无子，喜欢我父忠厚的秉性，将他过继，在三爷资助下，父亲成为家中唯一的知识分子。父亲谈到他师范毕业后，正处内忧外患，强敌欺凌，军阀混战，民不聊生的艰难时势，便毅然投笔从戎，报考保定军官学校，就学于第八期炮兵科，毕业后分配到部队工作。为充实知识，又报考北平陆军大学七期，以资深造。1927年毕业后分配到东北，曾在万福麟部任职，后转到东北讲武堂任教官，"西安事变"前一直在张学良部下任职。

社会战乱频仍，局势不稳，决定了他的军事生涯，常年辗转于各种形式的战场上。有军阀间的混战，有抗御外辱的正义之战，总是以服从命令为天职，他这一辈子除了整训、驻防，便是战斗，总之很少和我们生活在一起，有时甚至几年一见。我是他的女儿，很心痛他，老觉得父亲活得太累，太辛苦了。

父亲的戎马生涯，历经风云变幻和人事沧桑，我对此疏于了解，对他个人品格，处事为人，留下极为深刻印象。他性格爽朗、刚直不阿，礼仪待人，服从上级领导而不事奉承，严束部下而又关怀体贴。

…………

东北军旧部受蒋系压制的事，已是公开秘密，他将25军军职交给黄百韬后，有些心灰意冷，许多人靠他生活，就挂了个25集团军副总司令的名，还兼国防部委。豫东师管区成立，他任司令。解放前夕，他们部队撤往长沙、衡阳一带，不久蒋军撤往台湾，陈诚路经湖南曾约他一起走，他不愿跟着再走，要回新乡。这时有人动员他起义，可是他思想守旧，他说："我和共产党打过不是一仗，也吃过败仗，在甘泉被围了好几个月，连周恩来也热诚地写信给我，那时候我都没有投降，现在共产党将要取得全面胜利时，我再起义，我觉得有投机的嫌疑。"

智者千虑，必有一失；愚者千虑，必有一得。在人生的道路上，为得为失，令我们后辈深思。我们子女们总觉得，五十多个春秋，对他来讲，是太短促了。历史是公正的，敬爱的父亲，永远活在儿女的心中。[53]

张文清的功过是非，暂不做评论。我只因老家山洞中的两处石刻产生一些疑问，于是带着这些疑问、这种情结走进无涯无际的学问界，读了一些书，而且已经深深地感到还有更多的书要读，正如胡适所说："书是越看越有意义"，"读书越多才可以越多读书"（胡适《为什么要读书》）。而且这读书学习的过程，确能使人"未得则发愤而忘食,已得则乐之而忘忧”(朱熹《论语集注》)。

注释:

[1]《毛泽东军事文集》(第一卷),北京:军事科学出版社、中央文献出版社1993年,第701页。

[2]《致中共中央》(1929年11月28日),见《毛泽东书信选集》,北京:中央文献出版社2003年,第22页。

[3]《致李立三》(1929年11月28日),同上书,第24页。

[4]《中国共产党红军第四军第九次代表大会决议案》(1929年12月),见《毛泽东军事文集》(第一卷),第103—104页。

[5]《毛泽东书信选集》,北京:中央文献出版社2003年,第52页。

[6]同上书,第82页。

[7]逄先知、金冲及主编:《毛泽东传(1949—1976)》(上),北京:中央文献出版社2003年,第791、798页。

[8]同上书,第838页。

[9]同上书,第960—961页。

[10]同上书(下),第1049页。

[11]余湛邦:《张治中将军随同毛主席巡视大江南北的日子》。载《团结报》1983年12月17日。

[12]徐公持编著:《魏晋文学史》,北京:人民文学出版社1999年,第26—27页。

[13]胡为雄:《毛泽东诗赋人生》,北京:中共中央党校出版社2007年,第156—157页。

[14]《毛泽东书信选集》,北京:中央文献出版社2003年,第102页。

[15]《毛泽东的读书生活》,北京:生活·读书·新知三联书店2009年,第61—62页。

[16]《毛泽东书信选集》,北京:中央文献出版社2003年,第493页。

[17]《毛泽东的读书生活》,北京:生活·读书·新知三联书店2009年,第

110页。

[18] [美]迈克尔·斯温,阿什利·特利斯:《中国大战略》,北京:新华出版社2001年,第39页。

[19]《列宁全集》(第八卷),第493页。

[20] 贾若瑜:《孙子探源》,北京:国防大学出版社2000年,第52页。

[21] 参见《中国历代官制》,济南齐鲁书社1993年。

[22] 同上书,第351、392页。

[23] 黄朴民:《先秦两汉兵学文化研究》,北京:中国人民大学出版社2010年,第109页。

[24]《毛泽东年谱(1893—1949)》(中卷),北京:中央文献出版社2002年,第55页。

[25]《在广州工作会议上的讲话》(1961年3月23日),见《毛泽东文集》(第八卷),北京:人民出版社1999年,第261页。

[26]《毛泽东的读书生活》,北京:生活·读书·新知三联书店2009年,第6页。

[27] 中国第二历史档案馆编:《抗日战争时期国民党军机密作战日记》(上),北京:中国档案出版社1995年,第487页。

[28]《毛泽东文集》(第八卷),北京:人民出版社1999年,第140页。

[29]《毛泽东军事文集》(第一卷),第401—405页。

[30]《毛泽东选集》(第二卷),第387—396页。

[31] 同上书,第615—617页。

[32]《毛泽东选集》(第四卷),第1123—1134页。

[33] 同上书,第1143—1160页。

[34]《毛泽东军事文集》(第五卷),第471—477页。

[35] 毛泽东:《对东北局关于东北形势及任务决议的修改意见》,见《毛泽东军事文集》(第三卷),第332—334页。

[36]《毛泽东选集》(第一卷),北京:人民出版社1991年,第111—115页。

[37]《毛泽东军事文集》(第一卷),第701页。

[38]《毛泽东选集》(第二卷),北京:人民出版社1991年,第534页。

[39]《毛泽东选集》(第三卷),北京:人民出版社1991年,第812页。

[40] 同上书,第940页。

[41] 肖延中:《毛泽东研究在台湾》,载《中国新闻周刊》2006年第18期。

[42]《冯友兰学术自传》,北京:人民出版社2007年,第134—136页。

[43]《傅雷家书》(增补本),北京:生活·读书·新知三联书店1994年,第158页。

[44] 王承庆:《决战从这里开始》,南京:江苏人民出版社2009年,第121—124页。

[45] 同上书,第14—15页。

[46] 陈来:《宋明理学》,上海:华东师范大学出版社2005年,第280页。

[47] 吴震:《泰州学派研究》,北京:中国人民大学出版社2009年,第320页。

[48] 同上书,第321页。宣朝庆:《泰州学派的精神世界与乡村建设》,北京:中华书局2010年,第206页。

[49] 张文儒、郭建宁主编:《中国现代哲学》,北京:北京大学出版社2001年,第133页。

[50] 1947年8、9月间,国民党政府要解散民盟前夕,张东荪从北京写信给梁漱溟说:“民盟是你辛苦创成,你要赶快去南京上海设法维护。”梁漱溟:《我的努力与反省》,见《梁漱溟自述》,桂林:漓江出版社1996年,第325页。

[51]《宁国县志》,北京:生活·读书·新知三联书店1997年,第23页。

[52]《张文清自述》,引自《东北军将领张文清》,见《新乡文史资料》第10辑,政协新乡市文史资料委员会,1998年。

[53] 张心慧:《深切怀念我敬爱的父亲》,同上书。

第三章

有选择地阅读

如果说学习是一种专业性很强、指向性明确的活动，是获得知识、提高技能的必由之路，那么阅读则是感受文化、陶冶情操，在潜移默化中修养品德的重要途径。常常有人感慨一年到头“学”的东西不少，但真正原原本本阅读的书籍文章却很寥寥。建设学习型组织，需要理性的学习，更少不了感性的阅读。

英国19世纪著名画家、艺术评论家罗斯金(1819—1900)曾说：“所有的书可分为两大类：风行一时的书与永久不朽的书。”我们的时间有限，读书当有选择。各人志趣不同，所读之书又自然各异。“读正确的书”与“正确的读书”同等重要。无论你从事什么职业，学的什么专业，处在什么位置，读书时我觉得有以下五个方面不妨给予关注。

一 读点前人的书

前人的书，顾名思义就是作者已经作古。作者不在了，他的书还能够流传下来，往往值得一读。哲学家冯友兰在谈到读书的问题时说，古今中外，积累起来的书浩如烟海，但“书虽多，真正值得精读的并不多”。那些经过历来群众的推荐，经过时间的选择，流传下来的“经典著作”或“古典著作”，都是应该精读的书。[1]

德国古典哲学家叔本华（1788—1860），从小孤僻、傲慢，喜怒无常。他曾在哥廷根大学学医，后改学哲学。1814 年获耶鲁大学哲学博士学位，后研究印度哲学和佛学。1819 年，31 岁的叔本华出版哲学代表作《世界之为意志和表象》。1822 年，叔本华应聘在当时欧洲文化中心的柏林大学任哲学副教授。那时德国各大学的哲学讲坛大都被以黑格尔为代表的理性派哲学家所把持，年轻气盛的叔本华欲与之一争高低。他首先在柏林大学挑战比自己大 18 岁的哲学大师黑格尔，与他同时开课，企图争夺听众。结果可想而知，遭到惨败，不仅听他讲授的学生寥寥无几，他的书也几乎无人问津。黑格尔于 1831 年病逝后，叔本华失去了一个强有力的竞争对手，也迷失了一个几近超越的目标。他愤然辞去柏林大学的教授职位。临行前，他对他的学生和师友们声称：我提出了一种与以往哲学方法完全不同的哲学方法，必将使欧洲哲学的发展产生根本性的转折；我的著作不是为当代人写的，而是为后代人写的，它受人欢迎的时代终究会到来！

叔本华从 1831 年离开柏林大学，一直孤栖于法兰克福美因河畔的一个小旅店中，至死不出。大约二十年后，大批柏林大学的学生们纷纷来到美因河畔的那间破旧的小旅店，看望这位已过花甲之年的老人。叔本华的著作终于受到人们的青睐，他本人也因而声名大振。在他死后，柏林因为发行他的著作甚至“洛阳纸贵”。[2]

再看看国内，中国现代著名小说家、散文家沈从文（1902—1988），早在 20 世纪 30 年代初就以他在文坛的广泛影响，被视为“京派”作家年轻一代的领军人物。《边城》、《湘西》这样的生命之歌，从美学的、历史的角度出发，远离政治，超越时空，寄托了作者内心深处民族的和个人的隐痛，具有永恒的审美价值。但沈从文“美在生命”的主张却与当时新文学主将们的主旨相悖，于是不断地受到批判和攻击。1934年，沈从文在给一位友人的书信中这样颇为自信地写道：

> ……说句公道话，我实在是比某些时下所谓作家高一筹的。我的工作行将超越一切而上。我的作品会比这些人的作品更传得久，播得远。我没有办法拒绝。（《从文家书·湘行书简》）

1949年，由于“历史的误会”，沈从文受到精神上的巨大打击，从此封笔40年，未有文学方面的新作面世。但在他死后，他早年的作品终于赢得广泛关注，并在文坛得到应有的地位。

这样的人、这样的书，还有很多，比如《傅雷家书》、冯友兰的《中国哲学简史》、钱穆的《国史大纲》、雷海宗的《中国的兵和兵的文化》、林语堂的《吾国与吾民》等，都是在他们死后引起更大关注，获得公正评价。

举这些例子，并不是说都要去读叔本华、沈从文们的书，而是提醒读者在令人眼花缭乱的书市上“众里寻他”的时候，不妨关注一下那些人已仙去而声名犹存的书籍，无论你从事经济工作，或处在行政岗位，抑或科技、金融、制造、商场、军事等领域，都不能不读一点本专业、本领域那些前辈们的书籍，看一看他们的生命反思和经验总结。除此之外，尤其还要读一点那些几十年几百年甚至上千年经久不衰的经典著作。

比如，马克思主义经典作家的代表作《共产党宣言》。

1942年11月，毛泽东在西北局高级干部会上讲《斯大林论“布尔什维克化”十二条》时提出：

马克思和恩格斯的画像。

我们要注重理论，高级干部要准备读书，从《共产党宣言》起到《季米特洛夫文选》止，选三四十本。我们有这样丰富的经验，有这样长的斗争历史，要能读一二十本到三四十本马恩列斯的书，就把我们的党大大地武装起来了。[3]

在我党早期革命斗争实践中，《共产党宣言》一直作为共产党人尤其党的高级干部加强党性锻炼和理论修养的启蒙书、必读书。但长期以来，很多宣誓“为共产主义奋斗终生”的共产党员，尤其年轻一代的“先进分子们”，对《共产党宣言》恐怕理解的少，能原原本本阅读的更是少之又少。

《共产党宣言》是马克思和恩格斯为共产主义者同盟起草的纲领，是国际共产主义运动的第一个纲领性文献，是马克思主义诞生的重要标志。1847 年 1 月，共产主义者同盟第二次代表大会在伦敦召开，马克思和恩格斯在大会上阐述了科学共产主义的观点。大会经过辩论，接受了他们的观点，并委托他们为同盟起草一个准备公布的纲领。马克思和恩格斯从 1847 年 12 月至 1848 年 1 月底用德文写成《共产党宣言》。1848 年 2 月底在伦敦出版《共产党宣言》的第一个德文单行本。列宁曾指出：“这部著作以天才的透彻而鲜明的语言描述了新的世界观，即把社会生活领域也包括在内的彻底的唯物主义，作为最全面最深刻的发展学说的辩证法，以及关于阶级斗争和共产主义新社会创造者无产阶级肩负的世界历史性的革命使命的理论。”[4]

《共产党宣言》不仅仅是一部惊天憾地的政治宣言，它的文化价值、美学境界同样能使你折服。撇开政治，单从文化艺术的角度阅读，你也会得到意想不到的收获。文化是政治的根本。政治上的信念与信仰，必缘于文化上的认同和再造。重新阅读这部传世经典，不但能够使灵魂再次受到震撼，被马克思主义经典作家的睿智所折服，从而更加坚定“为共产主义奋斗终生”的誓言和信念；还能够在和风细雨、润物无声中领略其文采，享受阅读的快乐和美感。不信可以品读下面几段：

一个幽灵，共产主义的幽灵，在欧洲游荡。为了对这个幽灵进行神圣的围剿，旧欧洲的一切势力，教皇和沙皇、梅特涅和基佐、法国的激进派和德国的警察，都联合起来了。

资产阶级在它已经取得了统治的地方把一切封建的、宗法的和田园诗般的关系都破坏了。它无情地斩断了把人们束缚于天然尊长的形形色色的封建羁绊，它使人和人之间除了赤裸裸的利害关系，除了冷酷无情的“现金交易”，就再也没有任何别的联系了。它把宗教虔诚、骑士热忱、小市民伤感这些情感的神圣发作，淹没在利己主义打算的冰水之中。它把人的尊严变成了交换价值，用一种没有良心的贸易自由代替了无数特许的和自力挣得的自由。总而言之，它用公开的、无耻的、直接的、露骨的剥削代替了由宗教幻想和政治幻想掩盖着的剥削。

共产党人不屑于隐瞒自己的观点和意图。他们公开宣布：他们的目的只有用暴力推翻全部现存的社会制度才能达到。让统治阶级在共产主义革命面前发抖吧。无产者在这个革命中失去的只是锁链。他们获得的将是整个世界。

全世界无产者，联合起来！

1958年8月，毛泽东在审阅和修改陆定一的《教育必须与生产劳动相结合》这篇文章时，加写了这样一段话：

中国教育史有人民性的一面。孔子的有教无类，孟子的民贵君轻，荀子的人定胜天，屈原的批判君恶，司马迁的颂扬反抗，王充、范缜、柳宗元、张载、王夫之的古代唯物论，关汉卿、施耐庵、吴承恩、曹雪芹的民主文学，孙中山的民主革命，诸人情况不同，许多人并无教育专著，然而上举那些，不能不影响对人民的教育，谈中国教育史，应当提到他们。[5]

可见毛泽东对中国传统文化典籍，大都熟读在心，常常能够信手拈来，脱口而出。毛泽东通过潜心阅读大量中国史书，以及古典小说、诗词曲赋等各种形式的文学作品，不仅批判地吸取了丰富的思想营养，也在文风上吸收了它们的优良传统。所以，他能够成为一代杰出诗人和语言大师，写出大量文字优美、词汇丰富、说理透辟、气势磅礴，融古代语言于白话文之中，具有中国的民族形式和民族气派的著作，也就是很自然的了。[6]

毛泽东本人的重要著作现在也都成为经典，比如军事方面的《中国革命战争的战略问题》，这是毛泽东一生中最重要的一部军事著作，也是两千多年来继《孙子兵法》之后中国军事理论的又一座高峰。毛泽东的这部著作，是为总结第二次国内革命战争的经验而写的，当时曾在陕北的红军大学做过讲演。这是第二次国内革命战争时期党内在军事问题上一场大争论的结果，对于这个路线上的争论，1935 年 1 月的遵义会议做出了结论，肯定了毛泽东的意见。同年 10 月中共中央到达陕北后，毛泽东随即在 12 月作了《论反对日本帝国主义的策略》的报告，系统地解决了第二次国内革命战争时期党的政治路线上的问题。第二年，即 1936 年 12 月，毛泽东就写了这部著作，系统地说明了有关中国革命战争战略方面的诸问题，成为毛泽东军事思想的奠基之作。

《中国革命战争的战略问题》第一章“如何研究战争”，阐明了战争的本质、规律和指导规律，以及我们对待战争的态度、研究和指导战争的方法，集中体现了毛泽东军事思想关于战争观、战争认识论的基本理论观点。其中写道：

> 战略问题是研究战争全局的规律的东西。
>
> 要求战役指挥员和战术指挥员了解某种程度的战略上的规律，何以成为必要呢？因为懂得了全局性的东西，就更会使用局部性的东西。
>
> 任何一级的首长，应当把自己注意的重心，放在那些对于他所指挥的全局说来最重要最有决定意义的问题或动作上，而不应当放在其他的问题或动作上。
>
> 某些战役，高级指挥员有亲自参加之必要，其他则无此必要。
>
> 指挥员的正确的部署来源于正确的决心，正确的决心来源于正确的判断，正确的判断来源于周到的和必要的侦察，和对于各种侦察材料的连贯起来的思索。指挥员使用一切可能的和必要的侦察手段，将侦察得来的敌方情况的各种材料加以去粗取精、去伪存真、由此及彼、由表及里的思索，然后将自己方面的情况加上去，研究双方的对比和相互的关系，因而构成判断，定下决心，作出计划——这是军事家在作出每一个战略、战役或战斗的计划之前的一个整个的认识情况的过程。
>
> 粗心大意的军事家，不去这样做，把军事计划建立在一相情愿的基础之上，这种计划是空想的，不符合于实际的。鲁莽的专凭热情的军事家之所以不免于受敌人的欺骗，受敌人表面的或片面的情况的引诱，受自己部下不负责任的无真知灼见的建议的鼓动，因而不免于碰壁，就是因为他们不知道或不愿意知道任何军事计划，是应该建立于必要的侦察和敌我情况及其

相互关系的周密思索的基础之上的缘故。

做一个真正能干的高级指挥员，不是初出茅庐或仅仅善于在纸上谈兵的角色所能办到的，必须在战争中学习才能办得到。

一切带原则性的军事规律，或军事理论，都是前人或今人做的关于过去战争经验的总结。这些过去的战争所留给我们的血的教训，应该着重地学习它。

读书是学习，使用也是学习，而且是更重要的学习。从战争中学习战争——这是我们的主要方法。

入门既不难，深造也是办得到的，只要有心，只要善于学习罢了。

战争的胜负，主要地决定于作战双方的军事、政治、经济、自然诸条件，这是没有问题的。然而不仅仅如此，还决定于作战双方主观指导的能力。军事家不能超过物质条件许可的范围外企图战争的胜利，然而军事家可以而且必须在物质条件许可的范围内争取战争的胜利。

我们不许可任何一个红军指挥员变为乱撞乱碰的鲁莽家；我们必须提倡每个红军指挥员变为勇敢而明智的英雄，不但有压倒一切的勇气，而且有驾驭整个战争变化发展的能力。指挥员在战争的大海中游泳，他们不使自己沉没，而要使自己决定地有步骤地达到彼岸。指导战争的规律，就是战争的游泳术。

毛泽东的这部著作，自诞生以来就一直是我军的指挥员、战斗员、研究人员，认识战争、研究战争和驾驭战争的思想武器和基本方法，也是一些非马克思主义的军事家们、一些不甘落后和稍有建树的军事理论家们，包括一些我们的“敌人”们，常常阅读和反复研究的经典。

这些前人们的经典著作，我们不能不认真而反复地阅读，铭记在心，运用于事。

二 读点写前人的书

写前人的书，笼统地说就是史书。但我说的不是一般的通史、编年史，而是以人为中心的“人的历史”的书。人是历史的人，历史也是人的历史。人虽然不在了，但他所处的那个时代、所经历的那些事件、所提出的学说命题，对今世乃至后世有着种种研究价值和昭示作用，这方面的书尤其应当读一读。

我国自古就非常重视人的历史。早在西汉时期，司马迁就撰成中国第一部纪传体通史《太史公书》，又称《史记》。该书分十二本纪、三十世家、七十列传、十表、八书五大部分，合130篇，52万余字，以人物活动为主心，记录了上起传说中的黄帝，下迄汉武帝，首尾3 000年间的浩瀚历史。作者司马迁于西汉武帝时继父职任太史令，汉武帝太初元年(公元前104)开始《史记》的编写工作，他据《左氏春秋》、《国语》、《世本》、《战国策》、《楚汉春秋》及诸子百家之书，利用皇家收藏的文献，益以实地采访的资料，历时14年，至汉武帝征和二年(公元前91)完成。创本纪、世家、列传三种不同史志形式。本纪，以记述号令天下的“王迹”为主，展示历代兴亡原委。世家，以记述“开国承家，世代相续”的诸侯之事为主，展示世袭封侯之变。列传，以记述帝王以外的人物事迹、周边少数民族政权和外国史事为主线，展示重要历史人物活动轨迹。

继《史记》之后，《汉书》、《后汉书》、《三国志》、《晋书》、《宋书》、《南齐书》、《梁书》、《陈书》、《魏书》、《北齐书》、《周书》、《隋书》、《南史》、《北史》、《旧唐书》、《新唐书》、《旧五代史》、《新五代史》、《宋史》、《辽史》、《金史》、《元史》、《明史》等，均参照《史记》写法，以历史人物为中心展开叙述。以上24部史书被清乾隆皇帝钦定为"正统"史书，即"正史"，也即《二十四史》。唐代史学家刘知几在《史通》一书中把历史著作分为"编年体"和"纪传体"两大类，按照这一分类法，我国古代的《二十四史》均为以人物传记为主的纪传体史书。这些"写前人的书"，又都是"前人写的书"，得以传至今天，是因为它们担当了接续中华命脉的历史重任，其中蕴涵了丰富的历史文化和民族人文精神，是尤其值得每一个中国人认真阅读的。

从鸦片战争后开始，到甲午战争后已充分显现的西方物质文明对中国文化的震荡冲击，在20世纪初终于引发了国人强烈的认同危机，处在这个时代的中国一大批文人志士，站在各自立场，从不同角度，对民族文化认同和社会改造问题进行了广泛深入的思索，有"全盘西化"论调，有"中体西用"主张，有"疑古"思潮，也有"忧患意识"……康有为、梁启超、王国维、陈寅恪、赵元任、冯友兰、梁漱溟、熊十力、胡适、顾颉刚、钱穆、张君劢、唐君毅、徐复观……不可回避的是，他们在20世纪初思考的问题，在百年后的今天其实并没有很好地解决，有的甚至更加严峻更加紧迫更加繁杂，民族的认同、文化的认同、物质的崇拜、"主义"的信仰、"爱"的培育，等等，"剪不断，理还乱"。当下，有些人热衷于出国、热衷于崇洋，只接受西方的物质观、权利观，只讲物质与权利，不讲仁爱和牺牲，他们的重心、灵魂和信仰状况令人担忧。当下，确是应当好好阅读康有为、梁启超、陈寅恪们，从这些前辈们的时代关怀和人文关怀中汲取些做人的道理、做事的原则。

抗战期间，国民党驻延安高级联络参谋徐复观从延安返回重庆后，认识到国共之争的尖锐性和复杂性，由此开始思考由政治转而学术的问题。1944年春，他到重庆北碚勉仁书院拜谒了在这里讲学的著名哲学家熊十力。初次见面，熊十力即要他读王夫之的《读通鉴论》。王夫之(1619—1692)，即船山先生，明清之际思想家。明亡，在衡山举兵起义，阻击清军南下，战败后隐伏深山，刻苦研究，勤恳著述四十余年，学术成就巨大。所著《读通鉴论》，成书于康熙二十六年(1687)，根据《资治通鉴》所载史事，阐释历代法制沿革，评论各代政治上的利弊得失，主张因时制宜，推行宽简之政。应当说，熊十力向徐复观推荐这部书，是有一定针对性的，其用意可能是：一方面，由政治转而学术，是可以有很大成就的，王夫之就是一例；另一方面，如何由政治转而学术，王夫之的《读通鉴论》就是一部成功尝试的著作，值得一读。这次见面，徐复观还因读史问题受到熊氏"起死回生的一骂"，于是对治史有了更为深刻的认识，并甘拜熊十力为师。不久，徐复观由重庆到昆明的陆军总司令部小住，广泛结识西南联大熊十力的学生友朋。一天，他到西南联大文学院拜访熊十力的朋友汤用彤，向他请教一些读书和学问上的问题。汤用彤当即向他推荐了钱穆的《国史大纲》，并说"这部书很好，可以多看看"。徐复观由此联想到"大概读书人对于军人，总是希望能先有点历史知识"，或者做学问恐怕总要由治史开始。[7]

"二战"时期的英国首相温斯顿·丘吉尔曾经指出：

> 在日常生活上，我们因为陷入正在发生的那个事件的漩涡中，所以当局者迷，就不能把事情看明白，又还过于受到我们自身感情的支配，就不能适当地体味出感情来。……阅读历史是有益于我们心灵的健康的，它教我们节制和容忍，指示我们那产生内战和世界大战的可怕的争端，现在看来，不过是一些早已成为陈迹的口角罢了。历史又可教我们以智慧和价值的相

对性。一本伟大的书，一定可以使读者在读过之后变成一个更优秀的人。

面对物欲横流、文化多元的现实社会，我们倡议学习，建设学习型组织，确该以冷静的心态回顾历史，重新阅读陈寅恪与傅斯年、赵元任与吴宓、冯友兰与熊十力、梁漱溟与张君劢、顾颉刚与钱穆等大师们的著作，思考一个世纪的文化博弈。

我们曾在部队广泛开展过阅读将帅传记的读书活动，向官兵推荐了20部古今中外将帅传记，旨在使青年官兵从中外名将的成长经历、个性特点、指挥风格、军事素养中汲取营养、获得启迪、得到升华。加强广大官兵的传统教育和军人气节教育，对于塑造他们完美的人生有着重要意义。同时，培养良好的读书习惯，营造浓厚的学习氛围，也是建设和谐军营、打造学习型组织中的应有之义。我和很多同志一样，也撰写了一篇读书体会，对从将帅身上究竟应当学什么做了一些思考：

> 伟大的战争实践，造就顶天立地的将帅群体。古往今来，无数将帅用热血与生命、智慧与胆识，领千军万马，驰万里疆场，导演了一幕幕惊天动地的战争活剧，创造了不朽的历史功勋，也留下了宝贵的精神文化财富。法国著名元帅萨克斯(1696—1750)曾说："我恳请每一位军人，去看一看历史上名将成长的道路，这将教会你们如何在如临深渊的战争领域走到我今天这个位置。"将帅们披坚执锐的非凡经历、智勇双全的军事素养、雷厉风行的指挥风格、卓尔不群的鲜明个性，对新时代青年官兵的成长进步，有着重要的启迪和指导意义。
>
> 学习将帅品格之一：忠义而不狭隘。早在春秋战国时期，先贤们就提出了"忠义"的为将要求，这一优良品质传承下来，

成为我军老一辈将帅忠于党、忠于人民的政治品质的文化渊源。31 岁就成为少将旅长的朱德,为寻求救国救民的真理,远涉重洋来到马克思、恩格斯的故乡,从此走上革命道路。刘伯承少年时就表达了"大丈夫当仗剑拯民于水火,岂顾一身之富贵"的雄心壮志和民族责任,加入中国共产党时已是颇负盛名的"川中名将"。贺龙少有大志,20 岁"两把菜刀闹革命",参加南昌起义时已是国民革命军第 20 军军长,所率部队成为起义的主要力量。彭德怀、叶剑英等都为追求真理、救国救民,而放弃旧军队的高官厚禄,毅然投身革命。陈毅、聂荣臻等抱着"实业救国"的理想,赴法国勤工俭学。徐向前、粟裕、黄克诚、许光达等"一介书生",在民族危亡的时刻,决然投笔从戎,赴汤蹈火,义无反顾。老一辈将帅对党和人民赤胆忠诚,一生光明磊落,成为"忠诚的无产阶级革命家、军事家",对国家、民族可告无愧。继承和发扬老一辈将帅的"忠义"传统,必须摒弃各种偏见,树立正确的忠义观。我军历史上,余洒度、陈浩、袁崇全、张国焘等早期领导人先后背叛革命,而他们手下的大批将领如徐向前、粟裕、王树声、许世友等,都以党的事业为重,与叛党投敌行为做坚决斗争,保持了我军将领的政治纯洁性。学习将帅忠义品质,不但要在工作顺利、仕途顺达的情况下坚定信念、忠于祖国、忠于人民,更要在遇到坎坷、遭受挫折、仕途不顺的逆境中矢志不渝、决不变节、经受考验,时刻把党、国家和人民的利益放在大于一切、高于一切、重于一切的位置上,将忠义爱国之情融入实际行动,爱岗敬业,爱军精武。

学习将帅品格之二:勇敢而不莽撞。"勇"是将帅的必备条件。吴起说"师出之日,有死之荣,无生之辱",要求将帅具备为国捐躯的勇敢牺牲精神。"勇"是美德,但"必死"、鲁莽就可能被敌诱杀。(《孙子·九变》:“必死,可杀也。”)如果一个将领只有“必死”的勇气而没有“不死”的智慧,就容易变得鲁莽、轻浮,从而招来杀身之祸。吕布堪称三国第一勇将,但他缺乏作为一个统帅的勇气和魅力,他困守徐州,无所作为,整天沉湎酒色,与其说是死守,不如说是守死,结果被部下出卖。毛泽东强调,我们不许可任何一个指挥员变为乱撞乱碰的鲁莽家;我们必须提倡每个指挥员变为勇敢而明智的英雄,不但有压倒一切的勇气,而且有驾驭整个战争的能力。刘伯承元帅说:“勇是男儿头上的桂冠,是军人最可贵的品德。”大将粟裕三次先遣,四过长江,多次斗胆直陈,苏中“七战七捷”率先打开内线局面,孟良崮“百万军中取上将首级”,淮海战役担当重任,表现了一个指挥员的战略胆识和智勇双全的军事素养。传奇将军许世友,七次参加敢死队,四次火线身负重伤,他转战胶东,强攻济南,勇猛顽强,所向披靡,屡建奇功。我们学习将帅的勇敢精神,不是要那种只知进攻、不知防御,只知前进、不知后退的“匹夫之勇”;不是要那种遇事冲动、莽莽撞撞、简单粗暴的鲁莽之举,而是要处变不惊、动如雷震、愈挫愈勇,带领部队战时攻如破竹、守如磐石、退如潮水;平时风行雷历、令行禁止、攻坚克难。

学习将帅品格之三:善谋而不清高。“兵以诈立,多谋者胜。”历史上,将帅因善用计谋而取胜兴邦者不胜枚举,因不善计谋而覆军杀将者更不乏其例。三国时的官渡之战,众寡悬殊,粮草告急,面对许攸的投奔献策,是天赐良机还是阴谋陷阱?曹操的智慧谋略,成了胜利的核心保证。但在长坂坡对峙时,智谋平平的张飞让骑兵在树林中拖着树枝奔跑,结果竟然也能骗过老谋深算的曹操。战场形势的云谲波诡,对将帅的正确决断、施计用谋提出了很高要求。一个将帅在这样的气氛里为成千上万的生命做决定，需要何等的勇气和智慧！智谋，就是在茫茫的黑暗中仍能发出通往胜利彼岸的一缕内在的微光，和敢于跟随这种微光前进的勇气。毛泽东“四渡赤水”，彭德怀“示弱骄敌”，刘伯承“重叠设伏”，粟裕“围城打援”，都是我军以谋致战的经典之作。学习将帅的谋略素养，就要从深谙中国传统文化中汲取营养，学习掌握谋略的文化要义，端正识谋用谋的正确心态，做到熟谙谋略，而能运用自如；思虑周全，而不清高自负。

学习将帅品格之四：坚忍而不轻生。坚忍而不轻易赴死，对于一个成功的将帅极为重要。楚汉战争中，刘邦面对强悍的西楚霸王，屡败屡战，死里逃生，坚忍不拔，直至垓下决战定乾坤。而项羽则缺乏这种坚忍的品质，垓下一败即归咎于天命，又因“无颜见江东父老”而丧失斗志，终至自刎于乌江。毛泽东指出：战争中，有利的情况和主动的恢复，产生于“再坚持一下”的努力之中。战争胜利的取得，少不了“再坚持一下”的精神；一个将帅的造就，更不可缺少在战争中经受磨炼和考验的坚忍品质。我军开国将帅大都历九死而获一生，极具坚忍不拔的品质。刘伯承九次负伤，24 岁时失去右眼，一直坚持战斗到革命胜利。罗瑞卿 23 岁时头部被一颗子弹打穿，准备装棺了，却忽然站起来继续战斗。余秋里长征途中两次中弹，拖着筋骨外露的左臂，涉滔滔江河，登皑皑雪山，过莽莽草地，6 个月后才做截肢手术。而且像他这样的“独臂将军”，开国将帅中就有九位。生死炼狱的考验，使将帅们始终保持一种视死如归的超然，但坚忍绝不仅仅是一种精神上的品质。将帅们在战胜死亡和苦难中展现出的旺盛生命力，具有丰富的内涵和永恒的意义。坚忍，必须以强健的体魄为基础。体力，既是负荷的支撑，又是脑力、心力的载体。随着武器的杀伤力、破坏力成倍增加，敌我对抗更加激烈、战场环境更加险恶，对军人的脑力、体力和心理素质提出了越来越高的要求。坚忍，必须以不屈的精神为后盾。一位西方的将军说："假使所有的指挥员在他认为已经毫无希望时就立刻投降，那么谁都不会赢得一场战争。"一个将领乃至一个士兵，就要具有在别人认为"已经毫无希望"的时候仍不放弃、再坚持一下的不屈精神，这是坚忍的"魂"、是胜利的"根"。坚忍，必须以乐观的态度为保证。乐观，来自对革命理想的坚定追求，来自对作战胜利的坚定信心，来自对苦难困境的无比蔑视。

学习将帅品格之五：爱憎分明而不"心太软"。仁者，爱人。仁爱之心，是将帅必备的内在修养和治军的重要手段。战国名将吴起，一次在行军途中发现有个士兵生了脓疮，疼痛难忍，就俯下身子，用嘴吸干士兵身上溃烂处的脓血，并撕下一片战袍为他包扎，全军将士深受感动，奋力杀敌。然而，战争无论怎样讲仁爱，其本质则是暴力。战争中，英雄和懦夫的分野，首先是对暴力的认同感。公元前638年，宋国与强大的楚国作战。宋军严阵以待，楚兵正在渡河。宋襄公连续两次拒绝部将"乘敌半渡而击"和"乘敌混乱而击"的建议，坚持"君子不乘人之危"，要打仁义道德的堂堂之阵，结果坐失良机，招致惨败。毛泽东批评说"我们不是宋襄公，不要那种蠢猪式的仁义道德"，我们要采取一切手段把敌人变成瞎子、聋子和疯子，用以争取自己的胜利。我军是一支仁义之师，以全心全意为人民服务为唯一宗旨，有着爱兵的光荣传统。在新的历史条件下，传承仁爱精神必须坚持辩证的态度。一是以人为本，既要关心体贴部属的生活病痛，做到"爱兵如子"；更要关注他们的成长进步，创造条件，使其在更大范围内得到发展。二是从严治军，既要充分考虑官兵的特殊性，做到因材施教；更要从难、从严训练和管理部队，以提高战斗力为目标，决不姑息迁就。三是爱憎分明，既要讲仁爱、讲人道、讲亲情，做到“仁至义尽”，战时最大限度地瓦解敌人；又不“心太软”，牢固树立当兵打仗的思想，“该出手时就出手”，时刻准备为维护国家安全捍卫民族利益断然出手，决战决胜。

学习将帅品格之六：“重要的问题在善于学习”。将帅不是天生的。从奴隶到将军、从士兵到元帅，从单打独斗到指挥千军万马，是一个曲折、艰险而漫长的成长过程。其间的生死、胜败、智慧和艺术，决非一个“勇”字而能成就。毛泽东说，我们的指挥员要成为智勇双全的将军，“重要的问题在善于学习”。我军一大批开国将帅都是勤奋好学的楷模。刘伯承元帅一生不吸烟、不喝酒，唯一的嗜好就是看书，他每天早晨坚持大声阅读，直到72岁双目失明而止。粟裕终生不会打牌，不会喝酒、跳舞，最大的爱好就是读书、观地形、看地图。皮定均出身贫寒，早年目不识丁，参加革命后一边英勇作战，一边发愤学习，先后写出《关于城寨战斗的战术要领》、《小部队活动战例汇集》，成为部队重要的战术教材。我军1 614位开国将帅中，早年受过正规教育的只有66人，仅占4%，而绝大多数都是从战争中学习成长起来的。“人无生而知之者，然学而知之”。一个将帅的造就，得益于他对战争规律的把握和自身驾驭战争能力的提高。而这除了勤于和善于学习之外，没有别的办法可以获得。今天的青年官兵很多都受过高等教育，博士、硕士也不鲜见，但战争的高速发展、知识的高折旧率，警醒我们决不能有任何优越感和自满情绪。朱德说过：“学习好比人身上的血要流动一样，不能停息。”阅读将帅传记，有利于从更广阔的历史空间去感悟革命前辈拼搏与奉献的精神品质，理解和弘扬我军“听党指挥，服务人民，英勇善战”的优良传统，牢固树立共产主义的远大理想和坚定的革命信念。要认真学习和研究将帅们运筹帷幄、披坚执锐的战争经验，传承先辈们良好的军事素养和高超的指挥艺术，胸中装着百十个著名将帅和经典战例，做到“腹内藏经史，胸中隐甲兵”，努力培养内力，增强“兵味”、“将味”，提高统兵、治军和作战的本领，成为革命将帅的继承人。

回顾波澜壮阔的人民革命战争，不但每一个军人，乃是每一个中国人都不能不了解和不能不熟悉的。我们没有理由忘记历史，因为它能够使我们更加珍视今天和更好地展望未来；我们也没有理由不深入地研究我们自己过去的战争，这不但是因为我们必须尊重前辈们的鲜血和生命，更真切地懂得必须坚持什么、传承什么、发展什么，而且因为我们今天的军事建设、使命任务和一切指导现代乃至未来战争的战略战术和方法原则，都不可能单纯来自于今天先进的武器和别人的经验，而必然或多或少、或直接或间接地根植于我们前人的经验和风格。[8]

三 读点“老外”的书

传承和弘扬民族文化，决不能排斥外来文化，而应当积极地从外国、外民族的文化中汲取一切有益的营养，获得借鉴和启发。马克思主义经典著作早期传入中国时，可以说都是“老外”的书。1942年9月15日，毛泽东写信给当时的中宣部代部长凯丰说：

整风完后，中央须设一个大的编译部，把军委编译局并入，有二三十人工作，大批翻译马恩列斯及苏联书籍，如再有力，则翻译英法德古典书籍。我想亮平在翻译方面曾有功绩，最好还是他主持编译部，不知你意如何？不知他自己愿干否？为全党着想，与其做地方工作，不如做翻译工作，学个唐三藏及鲁迅，实是功德无量的。[9]

在毛泽东看来，大批翻译包括马、恩、列、斯和英、法、德古典书籍在内的外国书籍，是一件“功德无量”的事，能做翻译工作的同志，就不必去做别的工作。这是有利于党的事业发展的大事。

1963 年 12 月 16 日，聂荣臻向毛泽东汇报十年科技发展规划时，说到每年进口国外图书就要花 400 万美元，没想到毛泽东听后竟然还嫌少了，说可以花 1 000 万美元。[10]

好的书籍是人类共有的文化财富。国外的书，每年新出的就不计其数，再加上那些已经成为经典的著作，其数量更是惊人，但能够被翻译介绍到国内来的则是很少的一部分。这些经过万里挑一的筛选之后才得以进来的书，往往是非常值得阅读的。特别是那些与我们有着某种关系或某种联系的作者或书籍，更值得关注、学习和借鉴。读一部“老外”的书，可以认识一个人，可以了解一个国家，可以熟知一段历史，进而还能够理解一种文化，汲取一些有益的营养，明白一种可贵的精神。

比如日本学者入江昭，及其著作《20 世纪的战争与和平》。

入江昭 1934 年出生于日本东京，抗日战争时期，曾随其父来到中国，于 1943 年至 1945 年间在南京居住了两年。中日战争结束后回到日本，接受中学教育。1953 年赴美，就读于宾夕法尼亚州哈弗福德学院，1957 年获学士学位。后入哈佛大学历史系攻读研究生，师从费正清、赖肖尔等。1961 年获博士学位。先后在哈佛大学、加州大学、芝加哥大学任教，1982 年成为美国人文与科学院院士。1991 年开始在哈佛大学历史系担任讲座教授，2002 年起担任哈佛大学历史系主任，2005 年退休。入江昭还曾担任法国高等社会科学院美国文明史教授、夏威夷大学伯恩斯杰出教授、伦敦经济学院和早稻田大学访问教授、美国对外关系史学会主席、美国历史协会主席。其著作在美、日等国具有广泛影响。入江昭的家庭出身和独特的个人经历以及熟练运用英、日、汉三种语言进行研究的能力，使他更具备费正清所说的文化“混血儿”的特征。

入江昭以美国与东亚关系为研究对象，将文化作为其分析的核心概念，提出了国际关系史研究中的文化取向，并倡导以文化国际主义来建构国际秩序，其成果代表了美国国际关系史研究的新趋势，特别是在文化对国际关系的影响力越来越大的 21 世纪，这位被费正清誉为“天才史学家”的杰出学者的思想，越发显现出其深邃而富有远见。

《20 世纪的战争与和平》是入江昭于 1986 年用日文撰写的著作，2000 年又出版了该书的增补版，增加了两章关于“冷战”后的内容。本书并非描述 20 世纪战争与和平的历史，而是考察 20 世纪人类关于战争与和平的思想，即战争观与和平观。入江昭 2003 年 7 月在该书的中文版序言中说：“这本书并不是战争史或和平解决争端史，而是国际关系的思想史。我想通过这本书表明，尽管在 20 世纪发生了惨绝人寰的战争，但是在全世界始终都有人在试图通过不懈的努力阻止战争，并且在展望一个更加和平的世界秩序。”入江昭称自己“对把国际关系作为一种思想和文化现象来研究具有强烈的兴趣”，“其中，不断变化的战争与和平思想是其重要方面”。作者在书中考察了 19 世纪末以来的战争观以及人们对和平的看法，旨在从社会文化角度来理解战争与和平，以便给人类解决面临的战争与和平问题提供一种新的思路。在全书结束语中，入江昭认为正在兴起的由国际性的非政府组织创造的“世界”正在变得越来越重要，因为非政府组织活跃在政治、经济、文化等一切方面，建构了一个超越国界的网络结构，在国际社会形成了可被称为国际公民社会，或者说是地球社区、地球村的新型的联系。如果这样的社区能形成的话，作为第四个“世界”将对国际关系产生巨大的影响。“如果21世纪会是一个和平的世纪，那么它不仅是由国家间的均势或经济上的相互依存性或是由思想技术层面上的全球化带来的，而由通过超越国境的个人或集团的网络结构带来的可能性会更大。”[11]

又比如曾任美国哈佛大学世界宗教研究中心主任的加拿大著名宗教哲学家史密斯，及其著作《宗教的意义与终结》。

威尔弗雷德·坎特韦尔·史密斯(1916—2000)，出生于加拿大。1941年被选派到印度任教，1948年在普林斯顿大学获哲学博士学位，次年被聘为加拿大麦吉尔大学伊斯兰研究所主任和比较宗教学教授。1964年任美国哈佛大学“世界宗教研究中心”与“宗教研究委员会”主任，并担任这一职务达九年之久。由此成为具有世界影响的宗教学术领袖。1989年5月，应中国社会科学院世界宗教研究所和中央民族大学的邀请，史密斯偕夫人缪里尔访问了北京，并举行了有关现代伊斯兰特别是现代中国伊斯兰问题的演讲。史密斯的夫人缪里尔是一位医生的女儿，出生于中国，并一直到念大学时才返回加拿大。对史密斯来说，这是他第一次中国之行，但对缪里尔来说，则是她第一次的寻根之旅。鉴于这样一种家庭渊源，史密斯夫妇一直觉得同中国人民具有一种长久的友谊，并且这种感情一直延续到他们的孙辈，他们的孙子亚当·史密斯现就在中国的西部地区教授英语。

《宗教的意义与终结》是现代宗教研究的一部经典著作。它的新颖独到之处，就在于能够使我们以一种新的方式来理解宗教现象。史密斯认为，人们只有将“宗教”这一概念搁置一旁而采纳另外两个独立的概念——“累积的传统”与“个人的信仰”——之时，对人的宗教生活的研究才能够是完整而充分的。凭借这两个概念，人们就可以描述在人类宗教生活中所发生的一切。宗教的终结——在其目的与目标这一古典意义上，所指向和导向的是神。从相反的方向讲，神在某种意义上也就是宗教的终结，因为当神在其深奥、慈爱与永不止息的真理中生动活泼地显现在我们面前的时候，所有其他的东西都将瓦解；抑或最起码的，那些宗教的装备或行头都将回复到它们正当的和尘世的位置上，而“宗教”这一概念也将会走向寿终正寝。这一点即使是在那永无止息的真理只是作为学术探究的对象时亦复如此。史密斯认为，正是那神圣的“超验者”——无论它被看做是人格性的还是非人格性的，是单一的还是众多的，是道德性的还是非道德的，是宽厚的还是苛求的——构成了人类一切宗教生活与探索的绝对目标和真正本质；而那些在基督教之外的其他宗教探索也都拥有不同程度的有关这一神圣超验者的真理。史密斯的这种自由主义的宗教观，对于他那个时代盛极一时的在宗教对话、宗教和解、宗教宽容、宗教本质、宗教发展、宗教多元化等领域内的理论与实践都产生了深远的影响。他的许多思想事实上后来都成了激进的自由派宗教观的滥觞，并被许多人奉为圭臬。[12]

再比如美国哈佛大学教授、著名学者塞缪尔·亨廷顿，及其著作《文明的冲突与世界秩序的重建》。

1993年，美国《外交》季刊夏季号发表了塞缪尔·亨廷顿的文章《文明的冲突》。这篇文章的主要意思是说，在东欧聚变、苏联解体、两大阵营的对抗消失以后，国际舞台上的冲突将不再以意识形态为界限展开，而主要以不同文明之间的斗争的形式展开。按照他的分类，现在世界上主要有：西方基督教文明、中国儒教文明、日本文明、伊斯兰文明、印度教文明、东正教文明、拉丁美洲文明及非洲文明等几种文明。亨廷顿强调，西方文明要受到所有其他文明的挑战，特别是儒教文明与伊斯兰文明可能联合起来对西方文明构成最严重的挑战。

这篇文章发表后，立即在国际舆论界与学术界引起强烈反响，尤其以第三世界和中国为甚。《外交》季刊秋季号就发表了七篇驳斥亨廷顿的文章，并且该杂志也从当期开始由季刊改为双月刊，以应对越来越多的稿件。然而亨廷顿并不服气，又在当年最后一期《外交》杂志上发表题为《如果不是文明，那又是什么？——冷战后世界的范式》的文章，予以反驳。此后，来自世界各国的评论不断。正如《外交》杂志的编辑们所指出的，亨廷顿的“文明的冲突”是继1940年代坎南提出“遏制”思想之后又一最富争议的国际关系理论。到1997年12月，该文已被翻译成22种文字，在世界范围内引起广泛关注。1996年底，亨廷顿出版《文明的冲突与世界秩序的重建》，对其“文明的冲突论”进行更详尽的阐述。该书出版商认为，过去几年的事件证实了亨廷顿的判断，世界政治的热点恰恰发生在文明之间的断层线上，波斯尼亚、车臣、外高加索、中亚、克什米尔、中东、斯里兰卡、苏丹以及其他许多地区的冲突和战争就是明证。美国前国务卿基辛格指出：“亨廷顿是西方最优秀的政治学家之一，他为理解下个世纪全球政治的现实提供了一个极具挑战性的分析框架。《文明的冲突与世界秩序的重建》是‘冷战’结束以来出版的最重要的一部著作。”布热津斯基也认为，这“是一本理性的杰作，思想开阔、想象丰富、发人深省，它将使我们对国际事务的理解发生革命性的变革”。而大多数中国学者对亨廷顿的观点则持批判的态度。这与他把儒家和世界其他文明特别是西方文明对立起来，认为儒家文明是对世界秩序的潜在威胁，并预言中国的崛起将导致全球文明冲突不无关联。1995 年，中国学者、现任北京大学国际关系学院院长的王缉思曾将中国学者的各种评论收集起来，编了一本《文明与国际政治》的书，收文 26 篇，据说还远未收全。

亨廷顿在《文明的冲突与世界秩序的重建》一书的中文版序言中写道：

> 我于 1993 年发表的文章在中国和其他地方被批评为可能提出了一个自我实现的预言，即文明的冲突由于我预测其可能发生而增加了发生的可能性。然而，任何预测都不是自我实现的或非自我实现的。预测能否实现依赖于人们如何做出反应。20 世纪 50 年代和 60 年代，许多严肃的和信息灵通的人士认为苏美之间的核战争实际上不可避免。但是这场核战争并未发生，因为人们意识到了它的可能性，并推动了武器控制和其他安排来确保它不发生。我所期望的是，我唤起人们对文明冲突的危险性的注意，将有助于促进整个世界上“文明的对话”。欧洲和亚洲国家最主要的政治家已经在谈论需要抑制文明的冲突和参与这样的对话。我所主持的哈佛国际和亚洲研究会正在积极地提倡这一努力。我相信，我的著作在中国的出版将鼓励中国领导人和学者做同样的事情。[13]

无论我们是以批判的立场，还是学习的姿态，读一点亨廷顿们的文章，并有限参与一些“文明的对话”，我想总是会有一些收获的。开卷有益嘛。

四 读点与工作不相干的书

这与前面所说的“突破‘学以致用’”，正相呼应。

阅读本专业书籍当然是必要的，这主要是为了本职工作的需要。然而鲁迅却说：“这样的读书，和木匠的磨斧头，裁缝的埋针线，并没有什么分别，并不见得高尚，有时还很苦痛，很可怜。”(《读书杂谈》)所以，享受阅读的愉悦，是要读点专业以外的书籍的。更何况，时代的发展使很多专业的内在结构和外部界限发生了很大变化，没有足够的整体视野，无论哪个专业都很难学好，也很难干得好。

与工作不相干的书，通俗地说主要是“闲书”。“闲书”其实并不闲。透过“闲书”，往往可以看出一个人的视野眼界、内心世界、精神品质和文化修养。

毛泽东是一个最善于忙里偷闲、博览群书的人。

1959年庐山会议期间，有一次，江西省委第一书记杨尚奎的夫人水静随杨尚奎上庐山去见毛泽东。水静一进屋，看见主席客厅的茶几上摆着几本《安徒生童话集》，觉得很奇怪：主席日理万机，尤其在庐山会议期间，山雨欲来风满楼，难道还有这份雅兴闲情看童话书籍！后来水静找机会专门把这个问题提出来问毛泽东，他回答说：“写得好的童话，往往包含着许多哲理，能给人以启示。”又说：“凡是有价值的书，我都喜欢看。”毛泽东接着问水静平时喜欢读什么书？水静回答说：“喜欢看小说。”毛泽东笑道：“爱好文学的人，一定是热爱生活的人。”又问：“读过《红楼梦》没有？”水静很骄傲地回答说读过三遍。毛泽东说：“读三遍不够，至少要读五遍以上。”又问，你知道《红楼梦》里写了多少个人物吗？水静回答不上来。毛泽东随即告诉她，一共写了327个人物，从皇帝、贵族，直到老百姓，都写了。从这一点来看，《红楼梦》完全称得上是一部“巨著”。水静从庐山回来后不久，就专门到新华书店买了一套《安徒生童话集》，津津有味地阅读起来，还真获益不少。[14]

1973年12月21日，已经八十高龄的毛泽东接见参加中央军委会议的人员，主要谈八大军区司令员对调问题。其中有与南京军区司令员许世友之间的一段对话。毛问：许世友同志，你现在也看《红楼梦》吗？许答：看了，自从上次主席批评我，就全部都看了一遍。毛说：要看五遍才有发言权呢。许答：那没有看那么多，我还刚看一遍呢，一定坚持看下去。毛又说：他那是把真事隐去，用假语村言写出来，所以有两个人，一名叫甄士隐，一名叫贾雨村……中国古代小说写得好的是这一部，最好的一部，创造了好多文学语言呢。你就只讲打仗。许答：主席讲的这个话，确实打中要害。毛说：你这个人以后搞点文学吧。"随陆无武，绛灌无文。"汉书里面有汉高祖和陆贾的传，那里边说的："常恨随陆无武，绛灌无文。"许说：应该搞点文。毛又接着说：……绛是说周勃，周勃厚重少文，你这个人也是厚重少文。如果中国出了修正主义，大家要注意啊！许说：把它消灭！不怕，那有什么关系！毛说：不怕啊！你就做周勃嘛。你去读《红楼梦》吧！[15]

1974年，毛泽东患上严重的白内障，但他又须臾不能停止读书。于是就要选一"侍读"，变读书为"听书"。时在北京大学中文系任讲师的芦荻被毛泽东点中，因为他曾读过中国青年出版社1963年版的《历代文选》，其中《触讋说赵太后》、《别赋》、《滕王阁序》等他所喜爱的篇章，正是芦荻所选注的，因此对芦荻这个名字有了一些印象。

芦荻第一次到中南海见毛泽东，卧床的毛泽东看不清芦荻的长相，握着她的手问："你为什么叫芦荻？会背刘禹锡的《西塞山怀古》吗？"芦荻就将这首诗背了一遍，毛泽东听后又吟诵了一遍：

王濬楼船下益州，金陵王气黯然收。

千寻铁锁沉江底，一片降幡出石头。

人世几回伤往事，山形依旧枕寒流。

今逢四海为家日，故垒萧萧芦荻秋。

“故垒萧萧芦荻秋”，吟完最后一句，芦荻这时才忽然悟出毛泽东是用这首诗的末句，风趣地说出了自己的名字。然后毛泽东从刘禹锡说起，表示欣赏“沉舟侧畔千帆过，病树前头万木春”，接着又背诵《陋室铭》、《竹枝词》等，进而又谈到三国的阮籍、北周的庾信。最后说：“该你讲了，就讲讲庾信的《枯树赋》吧！”

芦荻毫无准备，就凭着记忆背，引起毛泽东兴味盎然，又谈起江淹的《别赋》及《触詟说赵太后》。他兴奋异常，下床踱步，边踱步边吟诗，走了三圈。从夜里 10 点 18 分到凌晨 1 点，大夫劝阻不住，谈兴正浓的毛泽东又谈了两个小时。[16]

1975 年 7 月 21 日，北京广安门医院的眼科大夫唐由之主刀为毛泽东做了左眼白内障手术。两小时后，唐大夫轻轻走进毛泽东的卧室，他听到脚步声问是谁，秘书张玉凤回答说是唐由之大夫。毛泽东便随口吟道：

岂有豪情似旧时，花开花落两由之。

何期泪洒江南雨，又为斯民哭健儿。

接着毛泽东问道：“乃父是读书人吧？”意思是，能从“花开花落两由之”的诗句中取出“由之”二字用做名字，非读书人不能为。应唐由之的请求，毛泽东随即要来笔和便笺，摸索着将这首诗写下来，并签名送给他做纪念。[17]

毛泽东就这样读古典、读史书、读诗词，广泛的阅读，使他忘却病痛和烦恼。毛泽东的读书学习，真正是达到了忘食、忘忧、忘老的境界。

英国哲学家培根的画像。

英国哲学家培根在《谈读书》中曾说："读史使人明智，读诗使人灵秀，数学使人精细，物理使人深沉，伦理使人庄重，逻辑修辞使人善辩，正如古人所云：学皆成性；不仅如此，连心智上的各种障碍都可以读适当之书而令其开豁。"20世纪末，《学习的革命》一书曾风靡全球。它倡导人们要"尽可能广泛阅读，特别是阅读那些远离你自己专业的、谈论未来和挑战的文章"。读一些与工作和专业不相干的书，有利于开阔眼界，拓展你的思维空间，而且往往会有一些出人意料的收获。美国学者泰勒说："具有广泛知识和经验的人，比只有一种专业知识和经验的人，更容易产生新的思想和见解。"英国博物学家达尔文研究生物演变的现状，前后凡三十多年，搜集和积累了无数材料，却想不出一个简单贯穿的说明。有一天，他无意中读到马尔萨斯的《人口论》，忽然大悟生存竞争的原则，于是得出"物竞天择"的道理，遂成一部破天荒的名著《物种起源》，提出以自然选择为基础的进化学说，成为生物学史上的一个转折点，并给后世思想界打开了一个新纪元。普鲁士军事理论家克劳塞维茨基于丰富的战争经历，运用黑格尔的辩证法思想和牛顿的力学方法，分析战争现象，提出"无限暴力论"，成为西方军事理论经典著作《战争论》的理论基石。德国数学家莱布尼兹受到中国古代《易经》中阳爻"—"、阴爻"— —"八卦变形的启发，触动灵机，创立了二进制数学，从而奠定了电子计算机的基础。

有很多书籍，看似与工作不相干，其实往往有着千丝万缕的联系。

比如，哲学方面的书籍。对于非哲学工作者来说，晦涩难懂的哲学著作可以说是与工作不相干的书。但哲学又是其他一切工作领域不可或缺的重要工具。毛泽东曾指出，没有哲学头脑的人要写出好的著作是不可能的。"马克思能够写出《资本论》，列宁能够写出《帝国主义论》，因为他们同时是哲学家，有哲学家的头脑，有辩证法这个武器。”[18]

美国记者埃德加·斯诺在《西行漫记》中写道：

> 毛泽东是个认真研究哲学的人。（1936 年夏秋之间）我有一阵子每天晚上都去见他，向他采访共产党的党史。有一次，一个客人带了几本哲学新书来给他，于是毛泽东就要求我改期再谈。他花了三四夜的工夫专心读了这几本书，在这期间，他似乎是什么都不管了。[19]

这年 12 月，毛泽东写出了他最重要的军事著作《中国革命战争的战略问题》。另据毛泽东的书信，1936 年 10 月 22 日毛泽东曾给当时在西安的叶剑英、刘鼎去信：“要买一批通俗的社会科学、自然科学及哲学书，大约共买十种至十五种左右，要经过选择真正是通俗的而又有价值的（例如艾思奇的《大众哲学》、柳湜的《街头讲话》之类）。”[20] 据此，斯诺提到的“几本哲学新书”应该是包括艾思奇的《大众哲学》在内的。

《大众哲学》是艾思奇为宣传马克思主义哲学而写的一部通俗书籍，原在上海出版的《读书生活》杂志第一、二卷（1934 年 11 月至 1935 年 10 月）连载，题为《哲学讲话》。后出版单行本。从 1936 年印行第 4 版起改名为《大众哲学》。这是一部“从哲学家的圈子走到广大人民群众中间去”的哲学通俗读物，它抓住思想方法论来学哲学，从社会发展史来学历史唯物论，有利于通俗宣传，有利于广大群众接触和掌握，曾经在进步青年中产生广泛影响，使数以万计的读者接受了马克思主义，走上中国革命的道路。

学习哲学，“以研究思想方法论为主”，是我们党创造的一条很好的学习经验。1941 年 5 月，毛泽东在延安作报告，提出“改造我们的学习"的任务，深刻地指出：学习马克思主义，不应该搬用它的个别词句、个别结论，而是要学它的立场、观点和方法。"延安整风"前后，毛泽东组织学习哲学，并在新哲学会第一届年会上指出"中国革命有了许多年，但理论活动仍很落后，这是大缺憾"，强调"如不提高革命理论，革命胜利是不可能的"[21]。马克思主义哲学的一个重要特点，是世界观、认识论和方法论的统一，毛泽东思想对马克思主义哲学的一个独到贡献，就是充分地体现和发挥了这种统一，把马克思主义哲学"化"为中国共产党人和中国人民在革命实践中掌握和运用的科学的思想方法和工作方法。

又比如，科学技术方面的书籍。很多人并不直接从事科技工作，但做任何工作几乎都离不开科技方面的知识。毛泽东十分重视自然科学技术在国家建设中的作用。早在1940年2月，他就在延安亲自发起成立了自然科学研究会，并在成立会上发表讲话说，"自然科学是人们争取自由的一种武装"，"人们为着要在自然界里得到自由，就要用自然科学来了解自然，克服自然和改造自然，从自然里得到自由"[22]。

1941年1月31日，毛泽东给在苏联上学的两个儿子岸英、岸青写信说：

> 唯有一事向你们建议，趁着年纪尚轻，多向自然科学学习，少谈些政治。政治是要谈的，但目前以潜心多习自然科学为宜，社会科学辅之。将来可倒置过来，以社会科学为主，自然科学为辅。总之注意科学，只有科学是真学问，将来用处无穷。[23]

毛泽东这里讲了政治和科学的关系——谈政治要以学科学为基础；又讲了科学中自然科学和社会科学的关系——先以学习自然科学为主，然后再学习社会科学。撇开这段话可能针对的具体背景不谈，就一般意义而言，这个主张也是很有道理的。从科学发展史来看，最先成为“科学”的是自然科学，然后社会科学才成为“科学”。人类对于社会的研究早就有了，但从总体上说，直到马克思主义诞生以后才上升为科学；而早先成为科学的自然科学，对于社会科学之发展成为科学，从科学思想、科学方法、科学精神等方面，都起了很大的影响。人们的学习过程在一定程度上也应大致地重复人类的认识过程，这种历史和逻辑的统一，合乎系统发育与个体发育相统一的规律。所以，对于年纪尚轻的人，有意识地按照这个规律指导学习，是很有益处的。[24]

新中国成立后的第一个“五年计划”开始后，毛泽东一再号召，不仅要学习马、恩、列、斯的理论，还要学习苏联先进的科学技术，来建设我们的国家。1958 年初，毛泽东在《工作方法六十条（草案）》中，要求全党工作的着重点转到技术革命和经济建设上来，并且说：“提出技术革命，就是要大家学技术，学科学。”“过去我们有本领，会打仗，会搞土改，现在仅仅有这些本领就不够，要学新本领，要真正懂得业务，懂得科学和技术，不然就不可能领导好。”[25]

1964 年 8 月 18 日，毛泽东在北戴河与几位哲学工作者谈话，谈到《自然辩证法研究通讯》刊登的一篇从苏联《哲学问题》杂志转译过来的题为《基本粒子的新概念》的文章，毛泽东十分赞赏日本作者坂田昌一关于“基本”粒子并不是最后的不可分的粒子的观点，并且指出：

> 列宁讲过，凡事都可分。举原子为例，不但原子可分，电子也可分。……电线传电，就利用了铜、铝的外层电子的分离。电离层，在地球上空几百公里，那里电子同原子核也分离了。电子本身到现在还没有分裂，总有一天能分裂的。“一尺之捶，

日取其半，万世不竭。”（《庄子·天下》）这是个真理。不信，就试试看。如果有竭，就没有科学了。世界是无限的。时间、空间，是无限的。空间方面，宏观、微观，是无限的。物质是无限可分的。所以科学家有工作可做，一百万年以后也有工作可做。听了些说法，看了些文章，很欣赏《自然辩证法研究通讯》上坂田昌一的文章。以前没有看过这样的文章。他是辩证唯物主义者，引了列宁的话。[26]

当时，北京正在举行科学讨论会，恰巧坂田昌一作为日本代表团的团长也参加了这次会议。8月23日，毛泽东接见与会的各国科学家，在同坂田握手时，毛泽东说自己刚刚读过他的文章，这引起坂田的惊讶和喜悦。坂田回国后，多次写文章讲到毛泽东的科学见解。

毛泽东逝世后，1977年在夏威夷召开第七届粒子物理学讨论会时，诺贝尔物理学奖获得者格拉肖在讲话中，提议把构成物质的所有这些假设的组成部分命名为“毛粒子”，以纪念已故的毛泽东，因为他一贯主张自然界有更深的统一。这个建议并不是对粒子命名的一个具体建议，而是表达了一个科学家对一个政治家、哲学家的深刻见解的敬意。[27]

再比如，宗教方面的书籍。对于大多数人来说，宗教书籍与实际工作关系不大，所以一般人对于宗教问题也就了解得少，而误解得多。毛泽东则对宗教问题十分重视。他不但读过《金刚经》、《六祖坛经》、《华严经》这些中国佛教的经典以及研究这些经典的著作，还十分关注我国宗教教学和宗教研究的发展。1959年10月13日深夜，毛泽东忽然把北京大学哲学系教授任继愈找去，见面第一句话就说，你的书我都看过，“我们过去都是搞无神论，搞革命的，没有顾得上宗教这个问题,宗教问题很重要,要开展研究”。

任继愈(1916—2010),是著名的哲学家、宗教学家,山东平原人。1938年毕业于北京大学(西南联大)哲学系。研究生毕业后留校任哲学系讲师、副教授,1956年晋升教授,并加入中国共产党。20世纪50年代,他把对佛教哲学思想的研究作为研究中国哲学的组成部分,连续发表了几篇研究佛教哲学的文章,受到毛泽东的关注。这些论文后以《汉唐佛教思想论集》出版,成为新中国用马克思主义研究宗教问题的奠基之作。

1961年1月23日,毛泽东在同班禅额尔德尼谈话时说:“我赞成有一些共产主义者研究各种宗教的经典,研究佛教、伊斯兰教、耶稣教等的经典。因为这是个群众问题,群众中有那样多人信教,我们要做群众工作,我们却不懂得宗教,只红不专,是不行的。”[28] 1963年冬,周恩来总理访问缅甸、阿尔及利亚等亚非14国前,给中央写了一个报告,建议加强研究外国的工作,筹备建立一些研究所,并成立以廖承志为组长的国际研究指导小组。毛泽东于12月30日在这个报告上做出批示:这个报告很好,但唯独没有宗教研究,“对世界三大宗教(耶稣教、回教、佛教),至今影响着广大人口,我们却没有知识,国内没有一个由马克思主义者领导的研究机构,没有一本可看的这方面的刊物”。“用历史唯物主义的观点写的文章也很少,例如任继愈发表的几篇谈佛学的文章,已如凤毛麟角,谈耶稣教、回教的没有见过。不批判神学就不能写好哲学史,也不能写好文学史或世界史。”[29] 1964年,任继愈奉命组建中国社会科学院世界宗教研究所,并任所长。

任继愈在宗教研究方面的一个突出成就,就是提出“儒教就是宗教”的观点。在世界大多数国家的思想界都认为“中国无宗教”的情况下,任继愈挺身而出,提出:中国的儒教就是宗教,而教主就是孔子。他认为："任何一个国家不可能没有自己的宗教信仰，中国也不例外，不然不可能维系一个有着五千年文明史的国家和民族。"20世纪80年代后，任继愈相继发表《从儒家到儒教》、《中国哲学与中国宗教》、《儒教的特点及其发展阶段》、《儒家个性与宗教共性》、《佛教向儒教靠拢》、《重视儒教的研究》、《具有中国民族形式的宗教——儒教》等文章，从儒教的发展与演变、个性与共性、历史与现实等各个方面，透辟的分析了儒家思想在中国的宗教性特质。

早在民国初年，辜鸿铭就在《中国人的精神》一文中，谈到中国的宗教信仰问题。他说：

> 有人说中国没有宗教。诚然，在中国即使是一般大众也并不认真对待宗教，我指的是欧洲意义上的宗教。对中国人而言，佛寺道观以及佛教、道教的仪式，其消遣娱乐的功能要远远超过于教化功能。可以说，它们触及的是中国人的美感，而不是其道德感或宗教感。事实上，对于它们，中国人更多地是诉诸想象力，而不是诉诸心灵或灵魂。因此，我们与其说中国没有宗教，还不如说中国人不需要宗教——没有感觉到宗教的必要，更为确切。

中国人，即使是一般大众也没有宗教需要感，对此，伦敦大学的汉学家道格拉斯(1838—1913)曾说："已有四十多代的中国人完全服从于一个人的格言。孔子作为一个地道的中国人，其教化特别适合中国人的天性。……由于来生的观念尚未觉醒，那些简明易懂、注重世俗实际生活的道德规范，像孔子所阐述的那样一些东西，已全然满足了中国人的需要。"辜鸿铭进一步指出："中国人之所以没有对于宗教的需要，是因为他们拥有一套儒家的哲学和伦理体系，是这种人类社会与文明综合体的儒学取代了宗教。"儒学不是欧洲人通常所指的那种宗教，但是儒学却能取代宗教，能使人们不再需要宗教。这正是它的伟大之处。[30]

为了加强宗教知识的教育与普及，“文革”结束后，任继愈主持的世界宗教研究所受国家教委的委托，组织编写《宗教史丛书》，到20世纪80年代末，完成《佛教史》、《基督教史》、《伊斯兰教史》、《宗教学原理》等书的编写，作为高等院校文科选修教材。2006年，这套《宗教史丛书》再版印行，九十高龄的任继愈为新版宗教史丛书作序，他在总序中写道：

> 研究世界宗教，学习宗教知识，是当年毛泽东同志的提议。而今国内外宗教形势的演变，证明这一提议是多么的富有远见。我们当年编写这套宗教史书，主要是给大学文科学生作选修课教材用的。到了现在，我感到一些有关的领导也不妨翻翻，或许有助于更全面地了解当前世界奇谲多变的局势，认识宗教在社会历史和文化发展中的实际作用。[31]

除此之外，从更广阔的视野来看，宗教尤其佛教还蕴涵着缓解人与自我、人与社会、人与自然矛盾的丰富资源，能够为人类社会的和谐与发展做出独特的贡献。学一点宗教知识，懂一点宗教文化，长一点宗教智慧，对于改善个人学习与生活也是十分有益的。

五 读点一遍读不懂的书

德国哥廷根大学哲学教授奈尔逊，是20世纪德国研究康德哲学的著名哲学家。他非常崇拜中国文化，是孔子的信徒，曾创立德国国际青年团，以孔子学说为指导思想，其青年团中无一人不知辜鸿铭。他曾经对一位中国留学生嗣銮说：“我读辜鸿铭的书，至今已十几遍了,多读一遍,即更有所得一次。”他又说:“大凡一本书,倘若它的价值只够得上读一遍,那么它的价值必够不上读一遍。”[32]这句话的意思是说,如果一本书只需要读一遍,再不需要读第二遍,那么这样的书甚至连一遍都不需要读。

辜鸿铭(1857—1928),清末民初驰名中外的文化怪杰。他学贯中西,精通英、法、德、日、拉丁、希腊、马来亚等9种语言,曾获13个博士。他是第一个将《论语》、《中庸》用英文和德文翻译到西方的人。曾给日本首相伊藤博文讲儒学,与俄国文化大师列夫·托尔斯泰书信交流,讨论世界文化和时事政治;印度圣雄甘地称他为“最尊贵的中国人”,法国的罗曼·罗兰和印度的泰戈尔也曾对其大加赞赏,孙中山先生称他为“中国第一”。李大钊曾写道:“愚以为中国2 500余年文化所出一辜鸿铭先生,已足以扬眉吐气于20世纪之世界。”

20世纪初的西方曾流传这样一句话:到中国可以不看故宫,但不可不见辜鸿铭。辜鸿铭一向被视为顽固的“封建余孽”,他捍卫君主制与纳妾制,维护辫子与“三寸金莲”,是出了名的保皇派。20世纪初,面对“全盘西化”的西学风潮,面对矫枉过正的传统文化批判,辜鸿铭选择的是同样激烈尖锐的文化保守主义行动。他的本意可能并不在于辫子、小脚、纳妾、忠君,而只是在所有人全盘否定封建传统文化的时候,选择了一个同样极端的方式奋起抗争。1915年,北京每日新闻社出版辜鸿铭的英文专著 *The Spirit of the Chinese People*,中文书名《中国人的精神》。该书出版后,立即在西方引起轰动。1916年出版德文译本,1918年出版法文译本,1940年出版日文译本。但直到70年后的1996年才出版中文译本。《中国人的精神》一书的主旨是揭示中国人的精神生活,认为中华民族具有深沉、博大、淳朴、灵敏四大特征,宣扬中国传统文化的价值,鼓吹“儒家文明救西论”。这样一部著作,能让一个德国哲学家读上十几遍,而且

“多读一遍，即更有所得一次”，一定有它的内涵所在。

中国作家协会主席、著名作家铁凝，在《阅读是有重量的精神运动》一文中写道：

> 如今，网络阅读成为人们生活重要的组成部分。……然而，我觉得“界面”代表了“纸面”的阅读，损失的可能是时间的纵深和历史的厚重。人在获得大面积爆炸性信息的同时，也会有某种难言的失重感。
>
> 阅读其实是一种有重量的精神运动。
>
> 阅读的重量有时在于它的“重”，有时却在于它的“轻”。这“轻”，不是轻浮，而是一种无用之用，是阅读心境的解放。
>
> 今天，我们的阅读与过去相比已经有了诸多变化。市场上卖得好的书往往是更靠近生活的实用的书：养生、美容、商战、股票、英语……书海已经“茫茫”。各取所需的阅读看上去已不再承载精神的重负，而是直奔主题，要的是立竿见影。
>
> 阅读的功用是显而易见的。但是，我更想强调的是，“无用”的阅读，正如文化给人的力量一样，更多的是缓慢、绵密、恒久的渗透。虽然它是“无用”的，然而一切都有痕迹，我们沉重的肉身会因某些时刻“无用”的阅读而获得心灵的轻盈和洁净。这样的阅读不是生存甚至生计所必需的，但它让我们感受到了他人的存在，看到了生活的美好、温暖以及自身的价值，它内在的文化含量并没有因表面的“无用”而打折扣。它的“无用”本身便是更大的作用。这何尝不是一种更高的阅读境界呢？这种自然存在的阅读状态，可能比故意强迫阅读或者故意淡漠阅读都更能体现人生的精神价值吧。[33]

骑马的拿破仑画像。

有重量的阅读，呼唤有重量的书籍。我曾在向官兵推荐的将帅传记目录中列有一部《拿破仑传》，推介词是这样写的：

> 拿破仑一生征战无数，曾一度横扫欧洲，所向披靡。他以自己的名字在世界战争史上留下永恒的印记，“拿破仑战争”几乎成为一个时代的标志。它所孕育的《战争论》、《战争艺术概论》成为西方世界的战争经典。

拿破仑(1769—1821)，生于科西嘉岛。法国大革命时期参加革命军，1793年因在与第一次反法联盟作战的土伦战役中指挥出色，而崭露头角。1795年镇压王党叛乱有功，升任巴黎卫戍司令。1796年率兵进攻意大利，打败奥地利。1798年侵入埃及。1799年11月发动雾月十八日政变，组成执政府，自任第一执政官。1804年加冕称帝，建立法兰西第一帝国。其间，先后于1801年、1805年、1807年和1809年率军粉碎第二、第三、第四、第五次反法联盟的围攻。1812年集结60余万大军入侵俄国，几乎全军覆没，加速了帝国崩溃。次年，第六次反法联盟军队在莱比锡击败法军，随后乘胜攻陷巴黎，迫使拿破仑于1814年4月退位，被放逐于厄尔巴岛。1815年3月，拿破仑从流放地逃出，返回巴黎，重掌政权，但6月又在滑铁卢战役中被彻底击败，被流放于圣赫勒拿岛，直至病死。历史上通常把1799年至1815年拿破仑执政时期，法国与反法联盟进行的一系列战争，称为“拿破仑战争”。

使拿破仑名声大振并成为一个时代标志的，主要是“拿破仑战争”，以及拿破仑自身的军事天才和传奇人生。此外还有两个人及其两部著作也是不可忽略的，那就是克劳塞维茨的《战争论》和若米尼的《战略艺术概论》。

《战争论》，由普鲁士军事理论家克劳塞维茨于1833年完成，这是一部论述战争性质、战争理论、战略、战斗、军队、进攻与防御以及战争计划等问题的军事理论著作，书中提出“战争是政治通过另一种手段的继续”的著名论断，被列宁誉为至理名言，毛泽东也曾给予了充分肯定。《战争艺术概论》，由瑞士军事理论家若米尼于1838年写成，是一部论述战争政策、战略、大战术、战术和战争勤务等问题的军事理论著作。克劳塞维茨和若米尼都曾亲身经历“拿破仑战争”，而他们的著作都是对“拿破仑战争”进行深入研究的结果，《战争论》主要沿着“军事科学”这一条线对战争进行理论思考，《战争艺术概论》则主要沿着“军事艺术”这一条线对战争进行艺术的总结。两部著作都没有对“拿破仑战争”进行简单的回顾和直观的描述，可以说，都属于“一遍读不懂的书”。正因为如此，它们才会在问世一百多年来一直经久不衰，显示了旺盛的生命力，而且还将继续受到一代又一代战争指导者们的青睐。

然而我在想，与“拿破仑战争”相比，中国革命战争从1927年八一南昌起义到1949年新中国建立，历时22年，其战争规模之大，持续时间之长，作战艺术之高超，取得胜利之彻底，影响历史之深远，均不在前者之下。毛泽东于1936年12月写成的《中国革命战争的战略问题》一书，是对战争第一阶段即土地革命战争实践的经验总结和理论思考，成为毛泽东军事思想的奠基之作，并对后来的抗日战争和解放战争起到了直接的指导作用。毛泽东在抗日战争实践中又相继写出的《抗日游击战争的战略问题》、《论持久战》、《战争和战略问题》等著作，基本延续了他已经成熟的战略思想，可以说是《中国革命战争的战略问题》的理论在抗日战争实践中的运用和发展。而历时四年的解放战争，是中国历史上空前绝后的伟大战争，是毛泽东军事思想全面运用的精彩篇章。但由于历史的原因，毛泽东在这场最精彩的战争中并没有最精彩的军事著作问世，新中国成立以后，由于迅速转入全面的社会主义改造和建设，更不可能对这场战争进行深入的理论的总结和研究。

解放战争作为中国历史上一次博大的战争实践，也是一块在理论上尚未充分发掘的地下宝藏。差不多有十多年的时间，我一直倾心于对人民革命战争尤其是解放战争的学习和钻研。历时22年的中国革命战争可以看做一个整体，它的三个时期正好对应战略防御、战略相持和战略进攻。作为战略防御的土地革命战争，它的本质问题是"求生存"。主要是人民军队的建立和人民战争思想的形成，包括一系列建军思想、建军原则以及人民战争战略战术思想及其作战原则的提出和确立。作为战略相持的抗日战争，它的本质问题是"求发展"。就是如何在国、共、日、伪等犬牙交错的复杂环境形势中生存和发展的问题，极大地扩大队伍是比取得几次战役战斗胜利更加重要更有价值的问题。作为战略进攻的解放战争，它的本质问题就是"求决胜"。毛泽东指出："只有决战，才能解决两军之间谁胜谁败的问题。"为求决胜，就要在决定性的时机、决定性的方向与敌主力展开决定性的较量，为此，必须努力造成各种有利于我不利于敌的决战的条件和形势。在这些研究的基础之上，我完成了《决战从这里开始》，对解放战争中的决战问题进行了一些粗浅的分析与思考。

时下，琳琅满目的生活实用类、通俗故事类、休闲娱乐类的书籍大量充斥着各类书店、商场和文化市场，可谓书海"茫茫"。它们大多已不再承载多少精神的重负，而是直奔主题。比如，关于军事和战争方面的书籍，"故事"一个比一个写得通俗、华丽、热闹而精彩。不可否认，这些读物对于繁荣文化市场、丰富人们的精神生活、宣传普及战争文化，起到了一定的作用。但它们的"重量"如何，却令人不敢苟同。而那些诸如《战争论》、《战争艺术概论》之类的经典著作或当代的学术专著，往往又因为承载得“太重”，而少有人问津。我在想，在这些通俗的读物与深奥枯涩的学术著作之间，可否有一些“中间的”能够有所作为的发展空间？我在《决战从这里开始》的自序中表达了这样的愿望：“我只希望能和大家一起从热闹的战争故事中，看出一些战争的门道。”我想，“从热闹的战争故事中探寻战争的门道”，或许可以作为一种尝试，而且不仅仅限于战争和军事领域，还可能推及其他领域、其他方面，或可能有所作为。

注释：

[1] 冯友兰：《我的读书经验》，见《阅读的危险：大师们的读书经验》，长春：吉林出版集团有限责任公司 2007 年，第 45—46 页。

[2] 参见全增嘏主编：《西方哲学史》（下册），上海：上海人民出版社 1985 年，第 404 页。

[3]《毛泽东的读书生活》，北京：生活·读书·新知三联书店 2009 年，第 43 页。

[4]《列宁全集》中文版，第 26 卷，第 50 页。

[5]《毛泽东文集》（第七卷），北京：人民出版社 1999 年，第 398 页。

[6]《毛泽东的读书生活》，北京：生活·读书·新知三联书店 2009 年，第 193 页。

[7] 参见陈勇：《国学宗师钱穆》，北京：北京大学出版社 2007 年，第 265 页。

[8] 王承庆：《决战从这里开始》，南京：江苏人民出版社 2009 年，第 246 页。

[9]《致何凯丰》（1942 年 9 月 15 日），见《毛泽东书信选集》，北京：中央文献出版社 2003 年，第 182 页。亮平，即吴亮平，当时在延安编辑《解放》周刊，曾翻译恩格斯的《反杜林论》等书。

[10] 逄先知、金冲及主编：《毛泽东传（1949—1976）》（下），北京：中央文

献出版社 2003 年，第 1336 页。

[11] 王立新：《一个文化国际主义者的学术追求和现实关怀：入江昭与美国的国际关系史研究》，见《20 世纪的战争与和平》，北京：世界知识出版社 2005 年，第 25—27 页。

[12] 参见《宗教的意义与终结》，北京：中国人民大学出版社 2005 年。

[13] 参阅塞缪尔·亨廷顿：《文明的冲突与世界秩序的重建》，北京：新华出版社 2010 年。

[14] 参阅水静：《特殊的交往——省委第一书记夫人的回忆》，北京：中央文献出版社 2005 年，第 22—23 页。

[15] 逄先知、金冲及主编：《毛泽东传（1949—1976）》（下），北京：中央文献出版社 2003 年，第 1676 页。

[16] 参见叶永烈：《芦荻与毛泽东评古论今》，载香港《文汇报》2006 年 2 月 23 至 24 日。《毛泽东的秘书们》，上海：上海人民出版社 1994 年，第 377—378 页。

[17] 参见《唐由之谈当年给毛泽东作手术》，载香港《镜报月刊》1996 年第 11 期。张贻玖：《毛泽东读史》，北京：当代中国出版社 2010 年，第 9 页。

[18]《毛泽东文集》（第八卷），北京：人民出版社 1999 年，第 140 页。

[19] 斯诺：《西行漫记》，北京：生活·读书·新知三联书店 1979 年，第 67 页。

[20]《毛泽东书信选集》，北京：中央文献出版社 2003 年，第 68 页。

[21]《毛泽东的读书生活》，北京：生活·读书·新知三联书店 2009 年，第 42—45 页。

[22]《毛泽东文集》（第二卷），北京：人民出版社 1993 年，第 269 页。

[23]《毛泽东书信选集》，北京：中央文献出版社 2003 年，第 152 页。

[24]《毛泽东的读书生活》，北京：生活·读书·新知三联书店 2009 年，第 67 页。

[25]《毛泽东文集》（第七卷），北京：人民出版社 1999 年，第 350 页。

[26]《毛泽东的读书生活》，北京：生活·读书·新知三联书店 2009 年，第

86—87页。

[27] 参见龚育之:《毛泽东与自然科学》,见《毛泽东的读书生活》,北京:生活·读书·新知三联书店2009年。

[28]《同班禅额尔德尼的谈话》(1961年1月23日)。见《毛泽东西藏工作文选》,北京:中央文献出版社、北京:中国藏学出版社2001年,第216页。

[29]《加强宗教问题的研究》(1963年12月30日)。见《毛泽东文集》(第八卷),北京:人民出版社1999年,第353页。

[30] 辜鸿铭:《中国人的精神》,海口:海南出版社2007年,第40—41页。

[31] 杜继文主编:《佛教史》,南京:江苏人民出版社2006年,第1页。

[32] 嗣銮:《辜鸿铭在德国》,见《中国人的精神》,海口:海南出版社2007年,第229页。

[33] 载《人民日报》2009年5月4日。

第四章

在阅读中升华

国学大师王国维曾用三句古诗词来描述古今成就大事业、大学问者的三种境界。第一种境界："昨夜西风凋碧树。独上高楼，望尽天涯路。"讲的是初学者那种茫无头绪，不知所措，求学无门的疑惑、彷徨和苦痛。第二种境界："衣带渐宽终不悔，为伊消得人憔悴。"讲的是跋涉者那种孜孜不倦，坚持不懈，上下求索，以勤为径，将苦作舟的勤奋、执著与坚忍。第三种境界："众里寻他千百度，回头蓦见，那人却在灯火阑珊处。"讲的是成功者那种灵犀相通，炉火纯青，畅游学海胜似闲庭信步，漫步书山能悟其中真谛的怡然自得和欣喜恬适。王国维的意思是，希望后学者能在学习中领悟这立业为学的三个境界，不要未上高楼就叹息止步，而要坚忍不拔，敢于傲视苍穹。这样才能提高能力、增强素质、提升境界，才能领略到"无限风光在险峰"的高妙旨趣。

著名学者、"新教育实验"发起人朱永新先生，选编过一部文集《改变，从阅读开始：重塑心的文化》。朱先生宣称：一个人的精神发育史就是他的阅读史。阅读，确能使一个人的学识、品位、境界得到升华，然而何以实现这种升华？英国著名作家赫胥黎(1894—1963)说过："每个懂得读书方法的人，都有一种力量可以把自己放大，丰富他的生活，使其一生内容充实，富有意义，而具兴味。”这些具有普遍意义的读书方法，梳理起来，以下几个方面似乎十分必要。

一 学会静读

林语堂先生说过，最好的读物是那种能够带我们到一种沉思的心境里去的读物，而不是那种仅在报告事情的始末的读物。所以他认为，人们每天花费大量的时间去阅读报纸，并不能算是读书。因为一般阅报者大抵只注意到事件发生或经过的情形的报告，完全没有沉思默想的价值。真正的阅读，应当是一个人的静读。

静读才会静思，才会自觉被带到“一种沉思的心境里去”：

> 当他拿起一本书的时候，他立刻走进一个不同的世界；如果那是一本好书，他便立刻接触到世界上一个最健谈的人。这个谈话者引导他前进，带他到一个不同的国度或不同的时代，或者对他发泄一些私人的悔恨，或者跟他讨论一些他从来不知道的学问或生活问题。一个古代的作家使读者随一个久远的死者郊游；当他读下去的时候，他开始想象那个古代的作家相貌如何，是哪一类的人。孟子和中国最伟大的历史家司马迁都表现过同样的观念。一个人在十二小时之中，能够在一个不同的世界里生活两小时，完全忘怀眼前的现实环境：这当然是那些禁锢在他们的身体监狱里的人所妒羡的权利。这么一种环境的改变，由心理上的影响说来，是和旅行一样的。（林语堂：《读书的艺术》）

然而有些人读了书，喜欢互相讨论。是因为这种讨论常常能营造一种深厚的氛围，一个人在这种氛围中往往会受到某种渲染，使兴趣等到激发，信息量得到增值，有时甚至还会获得某种启迪，激发某种灵感。但这种讨论，多半来说是比较肤浅的。至于有人在这种讨论中偶尔受到某种启发，那也应当主要归功于他善于从闹中取静的"沉思"。而且如果我们只是为了在这种讨论中"说得上话"而去选择读物，那就完全陷入了一种哗众取宠的歧途。

一个人的静读，需要有能够"静得下来"的心态。常常有人感慨"静不下来"，读不进书，不适合做文字工作，而热衷于跑跑颠颠做协调保障方面的具体事务。建设学习型组织，一个很直接的目标，就是要使这些静不下来的人静下心来。通过组织各种学习活动，营造深厚的学习氛围，使大家在耳濡目染中受到影响，学会学习和阅读。但我总觉得，仅仅靠这些外在的努力是不够的。要让人能够静下心来，必有能使他的"心"静下来的内容。也就是说，要有某种东西能够使他的心受到某种吸引或触动，从而"情不自禁"地静下来读书。而这种吸引和触动必须是外在因素与内在因素相互触碰的结果。徐复观在重庆勉仁书院受到熊十力"起死回生的一骂"，正是这种触碰的结果，完全改变了徐复观后半生的人生走向。

一个人能否静下心来阅读，几乎完全取决于他本人的品性。以前有这样一个故事，说有个富翁见他的一位朋友整天捧着书，觉得不可思议，就与他打赌，请他一个人闭门读书，足不出户，如能坚持一年，就将自己的庄园输给他；如果做不到，就要甘愿做自己的仆人。那位朋友爽快地答应了，关在家里读书，一日三餐都由家人送进去。半年过去了，富翁仍不相信世上能有如此的书痴子，觉得胜券在握。一年期限到了，当富翁开门进屋见那位朋友仍然心无旁骛地静心阅读时，彻底心服了，准备履行许诺搬出庄园。可那位朋友却说：谢谢你让我如此专心地读了一整年书，使我明白了很多事情，你的庄园还是自己留着吧！说完飘然而去。

一个人的静读，才能够真正进入阅读的心境。而一旦进入这种心境，往往又能使人涵泳其中，从而在潜移默化中更加增强这种静读的品性。然而，静读的品性虽然与一个人的性格不无关系，但它并不是天生的，而是可以后天培养的。

培养静读的品性，其实就是一种加强心性修养的过程。学会静读，你才能够真正体味到“昨夜西风凋碧树。独上高楼，望尽天涯路”的彷徨；体味到“衣带渐宽终不悔，为伊消得人憔悴”的执著；体味到“众里寻他千百度，蓦然回首，那人却在灯火阑珊处”的欣喜。

二 感受阅读

阅读，其实就是一种生活、一种品位。闲暇时，捧一本好书，与古人论道，与圣人为友，与名人对话，出神入化，其乐融融。全身心地感受阅读，全身心地享受生活。不为一时达不到急功近利的目的而烦躁，也不为某种异己的责任和荣誉而冲动，宁静无为，有时反能恪守自己的内心生态。

最懂得读书之乐的，莫如中国第一女诗人李清照及其夫君赵明诚。李清照(1084—约 1151)，南宋女词人，号易安居士，齐州章丘(今山东章丘西北)人。其父李格非为当时著名学者，夫君赵明诚为金石考据家。她的早期生活优裕，与明诚共同致力于金石书画的搜集整理。金兵入据中原后，举家流寓南方，明诚病故，境遇孤苦。易安居士在《金石录·后序》中自叙他们夫妇的读书生活，有一段极逼真、极活跃的写照：

> 余性偶强记，每饭罢，坐归来堂烹茶，指堆积书史，言某事在某书某卷第几页第几行，以中否角胜负，为饮茶先后。中即

> 举杯大笑，至茶倾覆怀中，反不得饮而起。甘心老是乡矣！故虽处忧患困穷，而志不屈。……收藏既富，于是几案罗列，枕席枕藉，意会心谋，目往神授，乐在声色狗马之上。

我们可以想象到他们夫妇在茶余饭后，一面品佳茗，一面校经籍，“言某事在某书某卷第几页第几行”，以言中者论胜负，中时“即举杯大笑，至茶倾覆怀中，反不得饮而起”，这是如何的清雅，如何得了读书品茗的真味。然而他们并不富有，却能“虽处忧患困穷，而志不屈”，有时甚至典当衣物，乐于收藏，完全是“意会心谋，目往神授，乐在声色狗马之上”。这就是李清照的读书生活，真使人向往不已。然而易安居士的这篇小记，却是在她晚年丈夫已死的时候写的。当时她是个孤独的女人，因金兵侵入华北，只好避乱南方，到处漂泊。读书，或者回忆与夫君一起读书品茗的情景，成了易安居士晚年的精神寄托。

有位作家这样写他读书的感受：

> 读一本好书，就像乘上了一列远行的列车，眼望着新奇的风景，心情是那么舒畅。有时，又像是面对着一位陌生又亲切的朋友，听着他波起浪迭的故事，被那种娓娓叙说的气氛感动着，心情久久难以平静。

放松身心进入读书的状态，阅读就能带来一种宁静和安详。无论春意满园、夏日炎炎、秋高气爽、冬寒雪飞，沏一杯绿茶或红茶，在袅袅弥漫的茶香中，读庄子的《逍遥游》，读歌德的《悲歌》、《傅雷家书》，读沈从文的《边城》、冯友兰的《中国哲学简史》，读朱自清、徐悲鸿美丽的语言，或读一部辜鸿铭、梁漱溟的传记。这个时候，一种迷离和梦幻般的情绪弥漫四周，你会觉得，读书已是生活中一种近乎奢侈的享受。

林语堂像。

一个热爱读书的人，往往能够成为一个心地善良、心灵丰富的人。读书人和读书生活素来被视为一种有修养、有品位的雅事，而在一些不善读书或不大有机会读书的人看来，那也是一种几乎令人妒忌却又值得尊重的事。

同一本书，不同的读者，可以读出不同的味道来。宋儒程伊川谈到孔子的《论语》时说："读《论语》，有读了全然无事者；有读了后，其中得一两句喜者；有读了后，知好之者；有读了后，直有不知手之舞之足之蹈之者。"对于所得的实际效益，完全取决于读者自己的见识和经验。

林语堂先生这样写读书的乐趣：

> 一个人读书必须出其自然，才能够彻底享受读书的乐趣。他可以拿一本《离骚》或奥玛开俨(Omar Khayyam，波斯诗人)的作品，牵着他的爱人的手到河边去读。如果天上有可爱的白云，那么，让他们读白云而忘掉书本吧，或同时读书本和白云吧。在休憩的时候，吸一筒烟或喝一杯好茶则更妙不过。或许在一个雪夜，坐在炉前，炉上的水壶铿铿作响，身边放一盒淡巴菇，一个人拿了十数本哲学、经济学、诗歌、传记的书，堆在长椅上，然后闲逸地拿起几本来翻一翻，找到一本爱读的书时，便轻轻点起烟来吸着。金圣叹认为雪夜闭户读禁书，是人生最大的乐趣。陈继儒描写读书的情调，最为美妙："古人称书画为丛笺软卷，故读书开卷以闲适为尚。"在这种心境中，一个人对什么东西都能够容忍了。

这完全是一种浪漫主义的读书情调了。

读书人感受阅读，还应当时常到书店走走。崭新的摆设，夺眼的封面，夸张的宣传，繁忙的销售，处处让你感受到热气腾腾的文化场面，而这种场面氛围，总能给人一种愉悦的力量。这种力量对读书人则是一种莫名的滋养，使你在长久的静读深思之后舒展筋骨，浑身通畅。你可以欣赏一下畅销书排行榜，分析一下买书的人群，但千万别随大流。我差不多每月都要去一两次书店，有时也没什么明确的目的，大约只在感受一下书市的文化氛围，了解一些文化的前沿，放松一周来疲惫的身躯，有时也顺便买几本“一遍读不懂的书”。

三 信仰阅读

作家曹文轩曾说：阅读是一种宗教。我理解，它至少包括两层含义：一方面，要像信仰宗教那样地信仰阅读；另一方面，阅读也会像宗教那样使你脱胎换骨，超凡脱俗。这与铁凝所主张的“阅读是一种有重量的精神运动”的观点比较接近。

曹文轩认为，一个正当的、有效的阅读，应当把对经典的阅读看做是整个阅读过程中的核心部分。对时尚文字的阅读是必要的，但一个人倘若将时尚文字作为阅读的全部，那么这种阅读注定是一种低质量的阅读。

然而，时下的社会享乐主义盛行。人们的阅读往往为时尚的文字所包围，这些文字往往流于毫无意义的嬉笑和一味的喧嚣、调侃和热闹之中，很多人懒于或难于接受经典。

我们现在的一些读物，包括一些电视娱乐节目，有的在给读者或观众制造一种低级趣味的快乐，其实这种快乐应当叫做“傻乐”，为一种莫名其妙的调侃而笑。曹文轩担心，一个孩子如果长期在这种“傻笑”中长大，那么长大后他不是个白痴，也是个准白痴。即使一个成年人，如果长期靠了这种“傻乐”来度日，那么其精神生活必然空虚、苍白而无聊。所以曹文轩主张,阅读必须是一个以经典阅读为基础的阅读,才可能是一个理想的阅读。经典的文字,“它的忧郁感、它的悲悯、它的雅致、它的美感、它的圣洁、它的庄重和意境等等”,这许多宝贵的品质,常常能够带我们“进入一种沉思的心境里去”。对于成长中的孩子,如果不能使他回到经典性的文字,而长期沉溺于那些轻飘的、低级趣味的、没有忧伤感的文字之中,我们不得不怀疑这种阅读在建构孩子的精神世界和培养孩子优良的心理素质方面,会起到一个怎样的作用。

著名文学史专家温儒敏在谈到时尚文字时也表达了他的态度,他说:

> 我不大受某些评论和炒作的影响。甚至越是“走红”的作品,我越是有意保持一段距离,能先不碰就不去碰它,至少先“冷”一下再说。我不认为这是高明的办法。只是觉得现在文坛与学界都有些浮躁,我不愿意接受这种状态,宁可保留自己的一点阅读的空间。[1]

真正的阅读,不是为了消遣,而是为了增加我们生命的厚度,提升我们做人的境界。苏联作家高尔基,青少年时期在艰难困苦的流浪生涯中学会阅读,在没有灯光的夜晚,他用擦亮的炊锅反射月光,贪婪地吮吸世界名著的营养。有一回他读法国作家福楼拜的《一颗淳朴的心》,那是一篇描写女佣生活的小说,高尔基感动得不能自持,忽然觉得实在神秘——这样简单的文字,如何能给人心灵如此强烈的震撼?于是他举起书,反复在月光下探究——书页、字母、文句,难道是具有魔力的吗?这魔力藏在哪儿?

所以我们说,书籍之于读者,不仅是精神上的契合,更是一种生命的遇合。孟子云:吾善养吾浩然之气。如何养?“读书”自古以来就是一种很好的甚至是必不可少的方式。信仰阅读,用整个身心去对待每一次严肃的阅读,获得的决不仅仅是知识,你会悄无声息地改变自己,得到人生境界的升华。

四 书读三遍

1958 年 11 月 9 日,毛泽东针对"大跃进"中出现严重失误等问题,写信给中央、省、地、县四级党委委员,建议大家认真阅读斯大林的《苏联社会主义经济问题》和《马恩列斯论共产主义社会》两部著作,明确要求:"每人每本用心读三遍,随读随想,加以分析","使自己获得一个清醒的头脑,以利指导我们伟大的经济工作"[2]。著名美学家朱光潜也曾说:"凡值得读的书至少须读两遍。第一遍须快读,着眼在醒豁全篇大旨与特色。第二遍须慢读,须以批评态度衡量书的内容。"不管三遍还是两遍,每遍当需关注不同的方面,以取得不同层面的收获。我感到,值得读的好书在阅读之中似乎都有这样三个层面,需要关注。

第一遍:为获取资讯而读

任何一部书、一张报、一本刊物,第一遍阅读,或可称为"表层阅读",其目的一般只在获取资讯。而其结果也往往仅止于此。比如可信的资料、可靠的数据、可用的事例、动人的故事、漂亮的语句,以及新的消息、新的概念或提法等等。这些新的资讯,往往成为我们读书看报首先吸引眼球从而获得关注的"着眼点"。很多以提供资讯为主旨的书报刊,因为它们的价值仅限于"表层",所以它们期于读者的关注往往也只在"浏览",或"翻阅"。而对于一部"有重量"、有深度的书籍，我们第一遍阅读也只能停留在那些零零散散的资讯上，不可能对其思想精神有一个整体的全面的理解和把握，所以第一遍阅读不宜期望过高，而宜“浅尝辄止”。

此以冯友兰的《中国哲学简史》为例，第一遍读它，大约能了解到以下信息：

> 冯友兰(1895—1990)，字芝生，河南唐河人。1915 年入北京大学文科中国哲学门，1919 年赴美留学，1924 年获哥伦比亚大学博士学位。回国后历任广东大学、燕京大学教授，清华大学文学院院长兼哲学系主任，西南联大哲学系教授兼文学院院长。1946 年赴美任客座教授，1947 年回国后任清华大学校务会议主席。1952 年后为北京大学哲学系教授、中科院哲学社会科学部常务委员。
>
> 1947 年，冯友兰在美国宾夕法尼亚大学担任讲座教授，讲授中国哲学史，其英文讲稿后经整理而成《中国哲学简史》，于 1948 年在美国出版。此书一出，立即成为西方世界了解和学习中国哲学的超级入门书。其后又有法文、意大利文、西班牙文、南斯拉夫文、日文等译本出版，半个多世纪以来，一直是世界各大学教授中国哲学的通用教材，在西方影响很大。但在很长的一段时间里，此书一直没有中文本。直到 20 世纪 80 年代，才由冯友兰的学生第一次根据英文本译成中文，由北京大学出版社于 1985 年出版，首版印刷 10 万册，很快售罄，成为当时学术界的畅销书。

仅以上这些信息，足使你以一种好奇间或略带敬畏的心情去阅读这部“迟来的”哲学史。翻开“作者自序”，但见一句：

> 历稽载籍，良史必有三长：才，学，识。学者，史料精熟也；

识者，选材精当也；才者，文笔精妙也。著小史者，意在通俗，不易展其学，而其识其才，较之学术巨著尤为需要。

于是敬羡之心更甚。接着读下去，时不时又会有好多新鲜的东西吸引你，让你爱不释手。比如：

在儒家思想中，孟子代表了其中理想主义的一派，稍后的荀子则是儒家的现实主义一派。（注意，冯友兰并未用“唯心”和“唯物”来加以分别。）

在荀子的门生中，最著名的是李斯和韩非子两人，他们两人在中国历史上都有巨大的影响。李斯后来成为秦朝始皇帝手下的宰相。秦始皇在公元前221年以武力统一了中国。李斯辅佐秦始皇，不仅在政治上统一中国，而且企图在政治思想上也实行统一。这项方针的具体贯彻最后导致了公元前213年的“焚书坑儒”。荀子的另一个著名学生韩非子，是法家的领袖，他深信人性恶，对通过文化教育使人向善不感兴趣，他的治国方针全从实际出发，并不寄希望于把大众改造成为新人，他的理论为秦始皇在政治和思想上统一中国的政策提供了理论根据。

在魏晋时期，有一批道家试图使道家思想靠近儒家思想，后世称他们为“新道家”；在宋代，也有一批儒家试图使儒家思想靠近道家思想，后世称他们为“新儒家”。这些运动使中国哲学既是入世的，又是出世的。

进入北宋以后，更新的儒家分成两个不同的学派，分别以周敦颐的两个学生程颢、程颐两兄弟为创始人，他们被称为“二程”。弟弟程颐创立的学派由朱熹集大成，史称“程朱学派”或“理学”。哥哥程颢创立了另一个学派，由陆象山和王守仁（号阳明)完成,史称"陆王学派"或"心学"。程氏兄弟是河南人,他们的父亲和周敦颐是朋友,和张载是表兄弟。他们年轻时曾受到周敦颐的教诲,后来又常和张载进行学术探讨。他们和邵雍住处也不远,可以经常相聚。这五位哲学家之间的密切往还,成为中国哲学史上的一段美谈。

还有一些新的论断,会使你眼前一亮,让你不断叫绝。读完一遍,你可能会情不自禁地用铅笔画出一些精彩的语句,如:

哲学的功能不是为了增进正面的知识,而是为了提高人的心灵,超越现实世界,体验高于道德的价值。

从"实际"的观点看,哲学无用,但哲学可以给我们一种有用的观点,在《庄子·外物》篇中,把它称作"无用之用"。

爱人是一个道德价值,爱神是一个超越道德的价值,有的人或许喜欢称之为宗教价值。

将来的世界里,哲学将取代宗教的地位。这是合乎中国哲学传统的。人不需要宗教化,但是人必须哲学化。当人哲学化了,他也就得到了宗教提供的最高福分。

按照中国传统,圣人应具有"内圣外王"的品格,中国哲学的使命就是使人得以发展这样的品格。中国哲学讨论的问题就是"内圣外王"之道。

第一遍阅读,能获取以上这些新鲜的资讯,足矣。但要更深入地理解全书的思想精神,还必须更细致、更虔诚地阅读第二遍。

第二遍:为求得理解而读

这种理解,包括两层含义:一个是对书的文本的理解;另一个是对作者思想的理解。因此,这第二遍的阅读,往往并不仅仅限于对文本的阅读，而有必要拓展至对作者自述、自传、回忆及其他研究者对该作者的相关评论和描述，等等。也正因为此，书才越读越多。对文本的理解和对作者的理解，这两方面又是相辅相成的。理解文本是理解作者的一个部分、一个方面，而从外围理解作者又有利于更好、更准确地理解文本。

仍以冯友兰的《中国哲学简史》为例，仅对该书文本进行第二遍阅读，除了可能对中国历史上各个时期、各个主要人物的哲学观点多一点了解外，几乎很难对全书和作者的思想内涵能有比较准确深入的理解。所以在第二遍阅读时往往要做必要的拓展，比如同时阅读《冯友兰学术自传》(《三松堂自述》)、《冯友兰哲学生命历程》(金春峰著)、《现代中国哲学的追寻》(陈来著)有关冯友兰的章节等，但尽管这样，要求得对《中国哲学简史》及其作者冯友兰的理解，仍是一个很难做到并且是没有止境的。况且，读书本来就是一个"仁者见仁，智者见智"的事。同一本书，不同的人读来，其认识、理解也是不一样的。这里仅借冯友兰先生的学生，现任清华大学国学研究院院长陈来教授的评述，来辅助理解。

冯友兰的《中国哲学简史》，是在抗日战争前后作者相继完成"贞元六书"、新理学思想体系形成之后，为美国人学习中国哲学而写的一部简明的中国哲学史教程。陈来先生写道：

> 《简史》一方面反映了新理学的一些思想，另一方面也对中国哲学提出了一些新的看法。他认为，人都有思想，哲学是对思想的思想，即对人生有系统地反思的思想。中国哲学的特点是在哲学中来满足人对超乎现世的要求，在哲学中欣赏了超道德的价值，哲学的功用就是按照一定的哲学去体验超道德的精神境界。他提出孟子所说的浩然之气即是一种超道德的精神

境界;认为庄子所谓的“不知之知”不是原始的无知状态,而是经过了有知阶段以后,由精神的创造达致的一种境界。

在《简史》中冯友兰进一步发展了他对中国哲学史的许多看法。他认为孟子是先秦儒家的理想主义一派,荀子是儒家现实主义的一派;今文学是先秦儒家理想派的继续,古文学是先秦儒家现实派的继续;道家与法家代表了中国思想的两个极端,道家主张个人的绝对自由,法家主张绝对的社会控制。他还提出,《易传》代表了先秦儒家形而上学的最后阶段,《易传》的“道”是宇宙万物各类分别遵循的原理,很像西方哲学中“共相”的观念。在魏晋玄学中,他区分了主理派与主情派,前者如向郭,后者指魏晋风流,如竹林七贤。

《简史》完全不是大《中国哲学史》的缩写,其书文笔轻畅、深入浅出、哲思敏睿,极富意蕴,是地道的大家手笔,可以说是冯友兰前期哲学史研究的力作。[3]

第三遍:为探寻方法而读

读书,在获取资讯、理解思想之后,还要努力去探寻方法,这是第三遍阅读应当重点关注的视角。而方法论这一方面又常常为一般读者所忽视。仅以国史为例,就有吕思勉的《中国史》,钱穆的《国史大纲》、《国史新论》,范文澜的《中国通史》,胡适的《中国哲学史大纲》,冯友兰的《中国哲学史》、《中国哲学史新编》,宗白华的《中国哲学史提纲》,任继愈的《中国哲学史》,等等。综观历史,不难发现,凡称得上大史家的人大约总有一部自己的“史”。“史”作为同一个课题,不同的史家来作,为何差异如此之大?皆因他们治史的方法不同,视角各异,而终能“成一家之言”。20世纪初期,中国史学界就有考证派和疑古派之别，以傅斯年为代表的史语所坚持以考证为主的治史原则；而顾颉刚以考辨古史切入，提出"层累地造成的中国古史观"，并据此形成以他为中心的"古史辨派"。此二派之别皆因治史方法不同而分野。

历史学家陈寅恪(1890—1969)，是中国现代学术史上的大师，他35岁时就成为清华国学研究院"四大导师"之一。新中国成立后，陈寅恪南下岭南大学任教。20世纪五六十年代，他在几乎双目失明的境况下花十年时间写成《柳如是别传》一书，全书近八十万字。柳如是是明末江南的一个名妓，"秦淮八艳"之一。《柳如是别传》这部书出来以后，遭到一些非议。当时正值新中国成立之初，百废待兴，有很多历史文化问题要研究，有大量历史资料要整理，而你堂堂一个国学大师什么不好研究，偏偏花十年时间去写一个妓女？岂不是不务正业！其实，这里面就有一个学术方法问题。就当时来看，柳如是并不是很有价值的历史人物，关于她的史料非常之少。在写作《柳如是别传》的过程中，"陈寅恪把西方学术手法运用于研究之中的同时，特别注重首倡于清初顾炎武，而为后世朴学家奉若圭臬的'实事求是'精神。凡立一言，必不拘烦琐地进行大量考证，甚至逐字逐句地排比考辨，而后归纳分析，得出结论。因了陈氏对西方学术研究方法的掌握和运用，比之于清代的传统朴学更高一筹，也更具创新性和突破性。此种长处从两个方面可以明显地看出：一是以诗证史，突破了传统训诂学沉溺于文字音韵的陋习；二是将具体的人与事的'发覆'，以宏观的文化视野放诸历史长河大背景下纵横考察对比，借此洞悉'大历史'下人物活动与思想情感变化的幽微，而后从不易察觉或容易被人忽略的情感与事件中，反观在历史进程中所起的积极或消极的作用"。至于"透过为钱(谦益)、柳(如是)二人辩诬洗冤的表象，暗含为中国文化现代历史命运清洗烦冤、发覆祛疑的深意”，就不是一般人能够读出来的了。[4]

所以第三遍读书，特别是对学术著作，尤应关注和探寻作者所用的方法，包括其分析问题的思想方法、谋篇布局的写作方法、详略取舍的表述方法等。比如，冯友兰《中国哲学简史》为何能以如此短小的篇幅囊括中国三千年的哲学纷争，皆因抓住了“中国哲学的精神”这一根本问题。他指出，中国的圣人的品格可以用“内圣外王”来刻画：内圣，是说他的内心致力于心灵的修养；外王，是说他在社会活动中好似君王。“内圣外王”是说，政治领袖应当具有高尚的心灵，它是“修身、齐家、治国、平天下”的集中体现。按照中国传统，圣人应具有“内圣外王”的品格，中国哲学的使命就是使人得以发展这样的品格。因此，中国哲学讨论的问题就是“内圣外王”之道。[5]冯友兰始终抓住“哲学精神”这一根本问题，围绕讨论“内圣外王”之道，不为三千年哲学史上数不清的细枝末节问题所纠缠，真正做到了“史料精熟，选材精当，文笔精妙”，成为一部“深入浅出、哲思敏睿、极富意蕴”的哲学史研究的力作。

当下，我们也有很多人从事文史以及战史、战例的研究，但“编著”出来的东西往往大同小异，甚至抄来抄去“一个面孔”，究其原因，皆是在“方法”上用力不够，有的甚至说不出他“治史”用的是什么方法。拙著《决战从这里开始》，前后历十余年，主要费时费力皆在切入战争史的视角和研究方法上。正如南京陆军指挥学院曾苏南教授在对本书的评介中所说的：“作者磨的不是文字，也不是史料考证等技术性细节，而是思维层次、战略眼光与认识能力的全面提升。”我对于激烈的战斗过程往往十分简略，而侧重于战略运筹、战役布局与指挥的思想性分析和提炼，此方法可以概括为“作战理论与学术思想分析法”。我正是运用这一“学术思想分析”的方法研究解放战争史，才得以梳理出国共双方谋求、布局和实施决定性作战“这条主线”，从而得出“决战从这里开始”的粗浅之见。

读书，若能关注并探寻出“方法”，也就能看出些“门道”来了。而且这无疑能够拉近读者与作者的心理距离，去体悟作者写作或创作时的思想活动和内心世界。

曾经听一位朋友调侃地说，到重庆看美女，只要你留心观察，每一位美女都有可看之处，要么脸蛋俊俏，要么身材婀娜，要么皮肤细腻，要么举止优雅……我要说，每一本好书，其实都有可读之处，读一遍会有一遍的收获，读二遍也会有二遍所得，关键是要会读。当然，开卷有益，同一本书对于不同的读者而言，收获是不同的，无论哪个行业的人，无论读什么书，只要有所得，那就够了。

五 常思“为什么而读”

这里的“为什么而读书”，不是 why，而是 for what。

英国哲学家培根在《谈读书》中曾说：“读书之用有三：一为怡神旷心，二为增趣添雅，三为长才益智。”又说：“讲究实际者鄙薄读书，头脑简单者仰慕读书，唯英明睿智者运用读书。”温斯顿·丘吉尔则说：“我们为什么读书的理由之一，便是想要超越我们的生活，了解别人的生活。”

读书入仕，是中国传统文化中的一个主流思想。孔子及其门生早就有“学而优则仕”的主张。从汉代开始，就已有考试取士的做法。到隋代，文帝废除为世族垄断的九品中正制，炀帝始置进士科，于 605 年正式推行科举制度。直到 1905 年，这一考试取士的制度才为新学所取代。其在中国历史上断断续续盛行了 1 300 年。所以在这 1 000 多年间，读书人的奋斗目标和生活动力其实就是“金榜题名”，也就是为做官。

官总是要人去做的，让“学而优”者去做，总比让“学而劣”者或者不论学优学劣的世袭者去做，会有更多的积极意义。科举制度虽然在考试内容和文化导向上有着诸多负面影响，但它对铸就中华民族的耕读传统是起到重要作用的。特别是在一些文化积淀深厚的地区，不但“书香世家”历来受到人们的普遍尊重，即使贫困家庭也有着“再苦再穷也要送子上学”和莘莘学子“寒窗苦读”的传统。

在徽州西递的履福堂，有一幅楹联格外醒目：

几百年人家无非积善，

第一等好事只是读书。

它精辟地概括了堂主胡积堂的人生哲学。胡积堂是清康熙年间的著名收藏家，他靠着先父经商留下的丰厚家底，建造了履福堂，整日读书作画、把玩古董，一生不试，也不图官，俨然一位风雅之士。胡积堂读书似乎只为修身，再就是行善积德。“万般皆下品，唯有读书高”，乃是千百年中国隐士文化的真实写照。但胡积堂死后，却被朝廷追赐为三品通议大夫。这虽然有违胡公初衷，但却给他的后人创造了不小的荣耀。所以在履福堂堂主的别室笃敬堂内，端坐正中的却是头戴花翎、身穿官服的胡积堂画像，可谓春风得意。后人们还在他的画像两旁赫然挂着这样一幅楹联：

读书好营商好效好便好，

创业难守成难知难不难。

公然否定胡公“第一等好事只是读书”的处世哲学，而以务实的态度大胆提出读书营商两者皆好，关键还要看最终效果如何的价值观。这其中就已经包含了“学以致用”的精神实质。

辛亥革命前后，少年周恩来在奉天（今沈阳）东关模范学校读书时，曾立下“为中华之崛起而读书”的远大志向，表达了那个时代文人志士的理想追求。

1918年8月，毛泽东第一次走出湖南，来到北京。10月，经他在湖南第一师范学校的老师，时任北京大学哲学系教授的杨昌济介绍，走进北大校园，在李大钊任主任的北大图书馆当一名助理员。每天的工作除打扫卫生外，便是在阅览室登记新到的报刊和前来阅览者的姓名，管理15种中外报纸。这个工作虽然清苦，但对毛泽东来说还是相当称心的，可以及时读到各种新出的书刊，结识许多名流学者和有志青年，包括大名鼎鼎的胡适以及北大学生领袖傅斯年等。[6]差不多二十年后，毛泽东在延安的窑洞里，向美国记者埃德加·斯诺回忆起那段经历时说：

> 我的地位这样的低下，以至于人们都躲避我。我担任的工作是登记图书馆读报纸的人们的名字，可是大多数人，都不把我当人类看待。在这些来看报的人们当中，我认识了许多有名的新文化运动领袖们的名字。像傅斯年、罗家伦，和一些别的人，对于他们我是特别感兴趣的。我打算去和他们开始交谈政治和文化问题，可是他们都是忙人。他们没时间去倾听一个图书馆助理员说南方土话。[7]

毛泽东这里所提到的傅斯年，字孟真，山东聊城人，1896年生，小毛泽东三岁，当时是北大国文门三年级学生，《新潮》月刊的主要创办人。罗家伦，字志希，浙江绍兴人，1897年生，小毛泽东四岁，当时是北大二年级学生，与傅斯年等人一起发起组织新潮社，创办《新潮》月刊。毛泽东在这里凭着回忆仅点了傅斯年和罗家伦两人的名，可能主要是对《新潮》月刊印象深刻，看来他在北大图书馆工作时一定是经常阅读这份进步刊物，并且是深受其影响的。至于仅年长毛泽东两岁的胡适，当时已是北大教授、新文化运动的主将，则更是高高在上了。

抗战胜利前夕的1945年7月初，傅斯年等一行六人以国民参政会参政员身份访问延安。因为有北大的一段因缘（那时毛泽东对傅氏等特别感兴趣，很想和傅氏谈谈政治和文化问题，却没有机会），这次毛泽东专门拿出一个晚上的时间单独与傅斯年进行了交谈。当他谈到傅斯年当年曾在五四运动中担任学生游行队伍总指挥，并为新文化运动做出过贡献时，傅斯年识趣地回应道："我们不过是陈胜、吴广，你们才是项羽、刘邦。"[8]

傅斯年这里大约是以陈胜、吴广比做"五四"时期率先揭竿而起的自己和罗家伦等辈，而以项羽、刘邦比做眼下国共两党的领导人蒋介石与毛泽东。应该说，傅斯年的这个比喻在当时情境之下还是比较妥帖和得体的，因此也为毛泽东所欣然接受。傅斯年离开延安之前，还请毛泽东题字留念，毛泽东慨然允之，挥笔写下一个条幅：

竹帛烟销帝业虚，关河空锁祖龙居。

坑灰未冷山东乱，刘项原来不读书。

唐人咏史一首　书呈孟真先生　毛泽东

随条幅还写了一个便笺，上曰：

孟真先生：

遵嘱写了数字，不像样子，聊作纪念。今日闻陈胜、吴广之说，未免过谦，故述唐人诗以广之。

敬颂旅安

毛泽东

七月五日[9]

毛泽东以"刘项原来不读书"句赠傅斯年，大概是说自己在傅氏面前还算不上读书人，没有他读的书多。

1949 年 8 月 14 日，新中国成立在即，毛泽东在回应《美国国务院白皮书》的新华社评论中再次提到傅斯年的名字，指出：

为了侵略的必要，帝国主义给中国造成了数百万区别于旧式文人或士大夫的新式的大小知识分子。对于这些人，帝国主义及其走狗中国的反动政府只能控制其中的一部分人，到了后来，只能控制其中的极少数人，例如胡适、傅斯年、钱穆之类，其他都不能控制了，他们走到了它的反面。[10]

从毛泽东第一次对傅斯年等人“特别感兴趣”，“打算去和他们交谈政治和文化问题”，到这一次指斥傅斯年等人已被反动政府所控制，成为反动文人，恰好 31 年。真是“三十年河东，三十年河西”。有人说，傅斯年一生“误在多读了书，沾染上知识分子的缺点、弱点，不然，他是一位雄才大略的创业人物”[11]。其实，书不在读的多少，关键在读什么书，怎么读书。归根结底，是要弄明白自己“为什么而读书”这一根本问题。

当下，有人读书为了升学，为了改变命运，为了做官，为了就业，或者只是为了应付考试，或者出于以文会友，或者干脆只为消磨时光，等等。这些均无可厚非。只是在读书时，在选择读什么书和怎样读书时，是否应当常思“为什么而读书”这个根本问题，以使自己不至盲目地成为书的奴隶、书的附庸，而迷失方向。

六 不动笔墨不读书

英国哲学家培根在《谈读书》中说：“读书可使人充实，讨论可使人敏锐，笔记可使人严谨；故不常作笔记者须有过目不忘之记忆，不常讨论者须有通权达变之天资，而不读书者则须有狡诈诡谲之伎俩，方可显其无知为卓有见识。”

著名美学家朱光潜说：“读书方法，我不能多说，只有两点须在此约略提起：第一，凡值得读的书至少须读两遍。……第二，读过一本书，须笔记纲要精彩和你自己的意见。记笔记不特可以帮助你记忆，而且可以逼得你仔细。各人天资习惯不同，你用哪种方法收效较大，我用哪种方法收效较大，不是一概而论的。你自己终究会找出你自己的方法，别人决不能给你一个方法，使你可以依法炮制。”

读一本好书，进入阅读的状态，我们的思想往往就处于一种“临摹”的困境，受制于作者的思路，犹如儿童启蒙习字一般依葫芦画瓢。这时，因为我们暂不自行思考，所以往往会觉得很轻松，故而读书愈多，或整天沉浸于读书的人，虽然可借以休养精神，但其自主思维的能力可能渐次削弱，这就犹如时常骑马的人步行能力往往较差一样。所以明智者都有“不动笔墨不读书”的警言，就像时常骑马的人也要多下马走走或跑跑，以保持腿脚的机能不至弱化乃至丧失。

教育家蔡元培在他将近七十岁时，回顾总结自己的读书经验，从“一不能专心，二不能动笔”两方面，检讨自己读书“将满六十年”而“没有什么成就”，皆是“读书不得法的缘故”。所以“把不得法的概略写出来，可以为前车之鉴”。关于“不能动笔”的方面，他写道：

> 我的读书，本来抱一种利己主义，就是书里面的短处，我不大去搜寻它，我正注意于我所认为有用的或可爱的材料。这本来不算坏，但是我的坏处，就是我虽读的时候注意于这几点，但往往为速读起见，无暇把这几点摘抄出来，或在书上做一点特别的记号，若是有时候想起来……几乎不容易寻到了。……我曾见胡适之先生有一个时期，出门时常常携一两本线装书，在舟车上或其他忙里偷闲时翻阅，见到有用的材料，就折角或以

铅笔做记号。我想他回家后或者尚有摘抄的手续。我记得有一部笔记,说王渔洋读书时,遇有新隽的典故或词句,就用纸条抄出,贴在书斋壁上,时时览读,熟了就揭去,换上新得的,所以他记得很多。这虽是文学上的把戏,但科学上何尝不可以仿作呢?我因从来懒得动笔,所以没有成就。

我的读书的短处,我已经经验了许多的不方便,特地写出来,望读者鉴于我的短处,第一能专心,第二能动笔,这一定有许多成效。

蔡元培1868年生于浙江绍兴,少年时曾在古越藏书楼校书,即得以博览群书。21岁中举人,24岁为进士,26岁补翰林院编修。甲午战争后接触西学,同情维新。1898年弃官从教,1902年组织中国教育会并任会长,1907年赴德国莱比锡大学学习,武昌起义后回国。1912年1月就任中华民国第一任教育总长。1916年12月出任北京大学校长,提出"思想自由,兼容并包"的主张,使北大成为新文化运动的发祥地。蔡元培一生最大的成就并不在学问,而在教育事业上。从他执掌北京大学始,中国才形成较完整的教育思想体系和教育制度。

蔡元培在古稀之年检讨自己"没有什么成就",指的就是作为一个读书人在学问上的成就。他所列举的胡适的读书方法,也是很多人常用的读书法,即"不动笔墨不读书"。毛泽东便是这方面的典范。他在读书时不但喜欢画单线、双线、波浪线或画小圆圈等,做各种形式的着重记号,还喜欢在书的夹缝或空白处做批注。如1913年,20岁的毛泽东曾对泡尔生的《伦理学原理》颇为激赏,认真阅读,并用蝇头小楷在书中写下一万多字的眉批和旁注。这些批注,包含了三个核心思想:其一,一个强大的国家需要集中政治权利;其二,个人意志超越一切的重要性;其三,中西文化有时对立有时互补。这些阅读时的所得,对毛泽东后来的政治理念产生了深刻影响。[12]

至于蔡元培所提到的王渔洋的"贴纸条法",主要在诵读古代典籍时所用,现在已无多大借鉴意义。王渔洋,即王士祯(1634—1711),清代文学家,字子真,号渔洋山人,新城(今山东桓台)人,顺治进士,官至刑部尚书,主盟康熙诗坛数十年,追随者甚众,论诗创"神韵说",有《渔洋山人精华录》、《渔洋诗话》等。

蔡元培十分肯定和赞赏胡适的读书方法,而胡适在一次对青年学生谈到读书方法时,却以顾颉刚为例,充分说明了勤于"动手"的重要性。他说:

> 我记得前几年我曾劝顾颉刚先生标点姚际恒的《古今伪书考》。当初我知道他的生活困难,希望他标点一部书付印,卖几个钱。那部书是很薄的一本,我以为他一两个星期就可以标点完了。哪知顾先生一去半年,还不曾交卷。原来他于每条引的书,都去翻查原书,仔细校对,注明出处,注明原书卷第,注明删节之处。他动手半年之后,来对我说,《古今伪书考》不必付印了,他现在要编辑一部疑古的丛书,叫做"辨伪丛刊"。我很赞成他这个计划,让他去动手。他动手了一两年之后,更进步了,又超过那"辨伪丛刊"的计划了,他要自己创作了。他前年以来,对于中国古史,做了许多辨伪的文字;他眼前的成绩早已超过崔述了,更不要说姚际恒了。顾先生将来在中国史学界的贡献一定不可限量,但我们要知道他成功的最大原因是他的手到的工夫勤而且精。我们可以说,没有动手不勤快而能读书的,没有手不到而能成学者的。[13]

蔡元培和胡适(右二)、李大钊(右一)、蒋梦麟(右四)在燕京大学。

其实，读书学习时常会有一些感想体会，随手把它记下来日后翻阅，既是一种温故知新，也可以乐在其中。比如有一回，我读到加拿大作者格温·戴尔的《战争》一书，其中有一段话说："战争是一种规模宏大、表现多样和古老的人类创举，它深深地烙在我们的社会、历史和心灵上。所以不论我们从哪个角度来看待战争，最初都只不过是盲人摸象罢了。"这引发了我的思考，遂在书的空白处后又在日记中写下这样一段话：

> "战争"似并不能完全归于军事学。其作为一种社会现象，亦是政治学、经济学、社会学、历史学、哲学、科技、文学、艺术等不能回避的对象和课题。故研究和把握"战争"，决不能单从军事学一方面入手。
>
> 似可建立"战争学"，分为战争现象学(战争史、战例研究)，战争理论学(战略战术、军制、兵器)，战争实践学(训练、指挥、作战)。

后来，我在自己的书架上对军事类书籍就别出心裁地分为"军事学"、"军事史"、"军事论"三大类，觉得也颇有意思。

前不久，读了奥勒留的《沉思录》，开篇是这样几段话，十分经典，我就抄录下来：

> 从我的祖父维勒斯，我学习了和蔼待人之道，以及如何控制自己的情感。
>
> 从别人对我父亲的称赞和我自己对他的回忆中，我学习了谦逊和勇敢。
>
> 从我的母亲，我学习了敬畏上帝，慷慨；不仅是不肯为恶，甚至不起为恶的念头；并且进一步，过朴实的生活，摒绝一切富贵之家的恶习。[14]

读完全书后，我在笔记中写下这样一句话：“从奥勒留，我记住了：任何时候都不要企图从权力、地位、名利等身外之物中去寻求快乐。”这也算是读《沉思录》的真切感受吧！

偶尔读了林语堂的《人生不过如此》，记了这样一段话：

> 在不违背天地之道的情况下，成为一个自由而快乐的人。这就好比一台戏，优秀的演员明知其假，却能比在现实生活中更真实、更自然、更快乐地表达自己，表现自己。人生亦复如此，我们最重要的不是去计较真与伪，得与失，名与利，贵与贱，富与贫，而是如何好好地快乐地度日，并从中发现生活的诗意。

初看起来，似乎有些消极避世，但细细品味，却发现它是那样的真实，那样的亲切。

读书，不动笔墨则无收获，少动笔墨则少收获，大动笔墨则大收获，而要有更大的收获，那就不仅仅是折折书角或以铅笔做做记号这般“举手之劳”的事了，而必须用“心”去读，用“心”去思，用“心”去写——写出属于自己的东西来。

注释：

[1]《中国散文论坛》，北京：北京大学出版社 2003 年，第 2 页。

[2]《致中央、省市自治区、地、县四级党委委员》，见《毛泽东书信选集》，北京：中央文献出版社 2003 年，第 508 页。

[3] 陈来：《冯友兰中国哲学史研究的贡献》，见《现代中国哲学的追寻》(增订版)，北京：生活·读书·新知三联书店 2010 年，第 422—424 页。

[4] 岳南：《南渡北归：离别》，长沙：湖南文艺出版社 2011 年。

[5] 冯友兰：《中国哲学简史》，北京：北京大学出版社 2010 年。

[6]《毛泽东传(1893—1949)》，金冲及主编，北京：中央文献出版社 2004

年，第 44 页。

[7] [美]埃德加·斯诺：《西行漫记》，北京：生活·读书·新知三联书店 1979 年。

[8] 岳南：《陈寅恪与傅斯年》，西安：陕西师范大学出版社 2008 年，第 231 页。

[9] 同上书，第 230—231 页。

[10]《丢掉幻想，准备战斗》，见《毛泽东选集》(第四卷)，第 1485 页。

[11] 何兹全：《忆傅孟真师》，载台湾《传记文学》第 60 卷第 2 期。

[12] [法]菲利普·肖特：《毛泽东传》，北京：中国青年出版社 2003 年，第 55 页。

[13] 胡适：《读书》，见《阅读的危险：大师的读书经验》，长春：吉林出版集团有限责任公司 2007 年，第 86—87 页。

[14]《沉思录》，梁实秋译，南京：江苏文艺出版社 2008 年，第 1 页。

第五章

写作是最好的抓手

毛泽东的早年同学周世钊，在谈到毛泽东青年时代读书学习时，说毛泽东有“四多”的习惯，即读得多、想得多、写得多、问得多。多写，是毛泽东独立思考、学有所得的重要体现。他不但勤于做读书笔记，还亲自拟制作战文电，亲自撰写各类文章，绝对是一位“高产”的领袖人物。比如1949年8月5日，美国发表中国问题白皮书，不到10天，8月14日，毛泽东就发表他亲自撰写的评白皮书的文章《丢掉幻想，准备斗争》，接着在一个月内又连续撰写发表了4篇评论文章。[1]毛泽东的勤于写作，为我党、我军留下了大量的珍贵历史文献，也成为毛泽东思想丰富内涵的重要承载。

写作，不单是为了留文，而更现实的，它还是学习的一个很好的抓手。因为写作，而不得不去思考，不得不去扩大学习，举一反三，温故知新。毛泽东就曾因为要写《中国革命战争的战略问题》，而被迫研究了资产阶级的军事学，包括克劳塞维茨的《战争论》。毛泽东比较集中地学习军事理论书籍，包括《孙子兵法》等，主要也在那个时候。[2]

作为学习的重要抓手的写作，或有异于为完成某篇文章的写作，其更重要的意义，不在于文章如何，而在于写作过程本身。通过写作，不得不对一些问题进行更深入的思考，从而把读来的东西、学来的东西，变为自己的东西。这个过程，无疑是一个自我消化、自我打磨、自我提高的过程。我觉得，此种写作，尤应关注以下几个方面：

一 言之有物

早在新文化运动开启的1917年，胡适在《文学改良刍议》一文中就提出过八条主张，其第一条就是“须言之有物”，并指出：“吾国近世文学之大病，在于言之无物。”[3] 1942年2月，毛泽东在延安干部会上作《反对党八股》的讲演，指出党八股的“八大罪状”，第一条是“空话连篇，言之无物”。可见，“言之无物”的问题恐怕历来都是一个顽疾，而“言之有物”则是一般文章家的普遍主张。

言之有物，就是文章里要有实实在在的东西。说事，要给人新鲜；说理，要令人信服，切忌空洞的说教。这是比完整的结构、严密的逻辑更加重要的东西。

1925年，筹建中的清华国学研究院欲聘请导师，梁启超向清华校长曹云祥举荐陈寅恪。曹问：“他是哪国博士？”梁答：“他不是学士，也不是博士。”曹又问：“他有没有著作？”梁答：“也没有著作。”曹说：“既不是博士，又没有著作，这就难了！”梁先生急了，说：“我梁某也没有博士学位，著作算是等身了，但总共还不如陈先生寥寥数百字有价值。你不请，就让他留在国外吧！”接着梁启超说出柏林大学、巴黎大学几位名教授对陈寅恪的推崇。曹云祥一听，既然外国人都推崇，就请吧。

陈寅恪放洋十六载，于哈佛、柏林等美欧名校转过一遍，终未能揣一张博士文凭回来，完全是为求知而读书。但总得要有东西能够显示其学问吧，这就是梁启超在“梁曹对”中提到的自己所有的著述加起来“总共还不如陈先生寥寥数百字有价值”。这“寥寥数百字”便是陈寅恪于1923年在柏林求学期间给其妹的一封书信。信中写道：

> 我前见中国报纸告白，商务印书馆重印日本刻大藏经出售，其预约券价约四五百元。他日恐不易得，即有，恐价亦更贵。不知何处能代我筹借一笔款，为购此书。因我现必需之书甚多，总价约万金。最要者即西藏文正续藏两部，及日本印中文正续大藏，其他零星字典及西洋类书百种而已……我今学藏文甚有兴趣，因藏文与中文，系同一系文字。如梵文之与希腊、拉丁及英、俄、德、法文等之同属一系。以此之故，音韵训诂上，大有发明。因藏文数千年已用梵音字母拼写，其变迁源流，较中文为明显。如以西洋语言科学之法，为中藏文比较之学，则成效当较乾嘉诸老，更上一层。然此非我所注意也。我所注意者有二：一历史（唐史西夏），西藏即吐蕃，藏文之关系不待言。一佛教，大乘经典，印度极少，新疆出土者亦零碎。及小乘律之类，与佛教史有关者多。中国所译，又颇难解。我偶取金刚经对勘一过，其注解自晋唐起至俞曲园止，其间数十百家，误解不知其数。我以为除印度西域外国人外，中国人则晋朝唐朝和尚能通梵文，当能得正确之解，其余多是望文生义，不足道也。隋智者大师天台宗之祖师，其解悉檀二字，错得可笑（见《法华玄义》）。好在台宗乃儒家五经正义二疏之体，说佛经，与禅宗之自成一派，与印度无关者相同，亦不要紧也。（禅宗自谓由迦叶传心，系据护法因缘传。现此书已证明为伪造，达摩之说我甚疑之。）旧藏文即一时不能得，中国大藏，吾颇不欲失此机会，唯无可如何耳。又蒙古满洲回文书，我皆欲得。可寄此函至北

京，如北京有满蒙回藏文书，价廉者，请大哥五哥代我收购，久后恐益难得矣……

这封书信除了要求购书外，更多是在谈论学术，所涉内容之深奥广博，若不专门研习此项学问者，难知其所言与所以言。这封书信被当时主持《学衡》杂志的吴宓获得，于是年8月的第20期以《与妹书》为题刊载，梁启超就是通过《学衡》看到这封信，并为陈寅恪之博学倾倒，于是便有了一年之后清华园著名的"梁曹对"。就这样，没有片纸学位，也无一顶学历帽子的陈寅恪，终以导师资格踏进清华园，开始了悠悠四十载传道、授业、解惑的"师者"生涯。[4]

写作，尤其撰写学习体会文章，是建设学习型组织的学习过程中一项重要内容，也是反映学习成效的重要手段。这类学习体会，不同于一般用于公开发表或在公开场合使用的文章，完整的结构、严密的逻辑等文法字句上的要求，我以为均可降至次要地位甚至可不予考究。而尤其应当突出的正是"言之有物"，就是要把学习中的真实收获、真实思考、真实体会等等，原原本本地展示出来，切忌大话、空话和套话，有时甚至可以像陈寅恪"寥寥数百字"的家书一样，不事修饰，却包含极丰富的内容、极精深的学问。如此，方才对于学习十分有益。

2007年初，我在写开展社会主义核心价值体系教育的学习体会时，一边学习，一边思考，结合正在进行的建设学习型机关活动，把那段时间所读、所学、所思的一些真实的体会和思考写出来，仿照李大钊《我的马克思主义观》，用了一个大胆的题目《我的社会主义核心价值观》。这篇体会文章只写了三个方面，每一方面之下没有再分层次，也未做深入的理论分析，完全把当时学习中的一些真实收获、思考和体会写了出来。文章是这样写的：

陈寅恪像。

党的十六届六中全会通过的《关于构建社会主义和谐社会若干重大问题的决定》指出：社会主义核心价值体系是建设和谐文化的根本，建设和谐文化是构建社会主义和谐社会的重要任务。这表明，建设社会主义核心价值体系，本质上是一个文化层面的社会意识问题，是在改革发展的新形势下，为创建更加美好的和谐社会，如何坚定共产主义理想信念，正确对待人与人、人与物、人与社会以及人与自然的关系的根本性问题。它影响和决定着我们在工作上是不是用力、在学习上是不是用心、在生活上是不是检点、在遵章守纪上是不是严谨等具体问题。社会主义核心价值观是一个庞大的理论体系，结合自己的实际和学习，我主要有三个方面的思考和体会。

（一）社会主义核心价值体系，以马克思主义为指导，体现了人类的共同愿景和远大理想，是最先进、最完善、最和谐的人生观价值观体系。

树立社会主义核心价值观，建设社会主义核心价值体系，首要的是要牢固确立共产主义的理想信念，坚定对马克思主义的崇高信仰。

为要懂得一种思想体系，必须首先知道在它之前的传统思想，然后才能理解。当前的思想体系对过去的思想，在哪些地方是赞成的，在哪些地方是否定的；对其他文明成果，在哪些方面是接受的，在哪些方面是拒绝的。了解这一思想发展的过程和联系，对于深入理解今天的价值观体系，是十分必要的。

1884 年，维新变法运动的领袖人物康有为写了一部《大同书》，描绘了孔子以来儒家学说对人类进化最高阶段“太平世”的景象。他设想的大同世界里，没有阶级，没有国家，没有军队，也没有监狱和囚犯；社会生产力高度发达，物质财富极其丰富，废除了生产资料私有制，农、工、商一切归公共所有；劳动者普遍受过高等教育，掌握专门的生产技术；城乡差别、工农差别、脑力劳动与体力劳动的差别完全消失；人人自觉参加劳动，并以劳动为乐；人们的衣食住行尽善尽美，其乐无穷。康有为《大同书》问世时，马克思主义学说还远没有传入中国。1947年，著名哲学家冯友兰在美国宾夕法尼亚大学讲演中国哲学史时，这样评论康有为的《大同书》："这部书如此大胆、如此革命化，以至最大胆的未来社会空想家都为之吃惊，而康有为自己并不是一个乌托邦主义者。他坚持认为，他的理想只有到人类社会发展到最高阶段时，才能实施。"

其实，早在公元前350年前，古希腊哲学家柏拉图就在其《理想国》一书中，详尽描绘了未来理想国的蓝图。他认为，在理想国里，每个公民都应按其天性做适合的工作，"互不干扰"，"互不代替"，分工协作，以达到和谐与统一；实现这样的理想国家，必须首先取消私有制；对于统治者和护卫者而言，"共产主义"是他们唯一的选择，他们不得蓄有任何的私有财产；理想国的建立必须依靠教育，不管是统治者、军人，还是农民、商人，都必须具备一定的道德品质和知识能力，以满足国家的需要。1516年，英国社会学家莫尔出版《乌托邦》一书，描绘了他虚构的乌托邦社会：一个废除私有财产，实行公有制、计划生产与按需分配、人人从事劳动的社会。1613年，意大利社会学家康帕内拉在《太阳城》一书中，通过一个航海者的所见所闻，描述了未来理想社会的境况。在这个社会里，不存在私有制和任何形式的奴隶制度，每人都要为社会劳动，每日工作四小时，产品归国家公有，按需要统一分配。19世纪初中叶，法国的圣西门、傅立叶和英国的欧文，在此基础上提出空想社会主义的学说，第一次把社会主义作为一种新的生产关系提出，预见到共产主义社会的一些特点，如城乡对立、脑力劳动与体力劳动对立的消灭和国家消亡等。这些思想虽然没有科学的理论来支撑，但对未来共产主义社会的构想，还是为科学社会主义提供了宝贵的思想材料，成为马克思主义的三大理论来源之一。

无论柏拉图的《理想国》，还是康有为的《大同书》，还是空想社会主义的《乌托邦》、《太阳城》，他们对未来理想社会的构想都体现了没有私有制、实行按需分配、人人平等、社会和谐、人民富裕、精神充实等共同特点。这表明了人类对未来社会有着一种相同或相近的美好愿望和共同的理想追求。1847 年，马克思主义经典作家发表《共产党宣言》，1867 年出版《资本论》第一卷，提出共产主义的远大理想。1875 年又在《哥达纲领批判》一文中，第一次将共产主义划分为两个发展阶段，并提出从资本主义向共产主义过渡时期的理论。从而将共产主义这一人类最高理想建立在科学理论的基础之上，同时将实现共产主义作为无产阶级政党的最终奋斗目标。这就不但体现了全人类的共同愿景和理想追求，而且揭示了人类社会由低级到高级最终实现共产主义的发展规律。

马克思主义传入中国后，在中国革命和建设的过程中，毛泽东、邓小平、江泽民、胡锦涛相继把马克思主义基本原理同中国革命战争和建设发展的具体实际相结合，取得了一个又一个伟大胜利和建设成就，同时形成了毛泽东思想、邓小平理论、“三个代表”重要思想、科学发展观等中国化、当代化的马克思主义科学理论体系，成为我们党的基本原则。党的十六届六中全会提出的社会主义核心价值体系，以马克思主义为指导，因而是最科学的；以构建社会主义和谐社会为目标，这是实现共产主义远大理想的阶段性目标，体现了全中国人民的共同心愿，因而是最和谐的。社会主义核心价值体系，不是对封建主义价值观的简单否定，而是继承了其中仁爱、和谐的传统文化精神；也不是与资本主义价值观简单对立的，而是吸纳了其中民主、人本等有益成果和积极成分，同时坚决摒弃其拜金、享乐、极端个人主义等腐朽落后的人生观、价值观，它本身是一个不断发展过程中的开放体系，因而是最先进、最完善的。所以，构建社会主义核心价值体系，必须坚定马克思主义信仰，做到对马克思主义真学、真信、真懂、真用。

（二）以爱国主义为核心的民族精神，是社会主义核心价值体系的基本内容之一，也是凝聚民心、构建和谐社会的坚实基础和强大力量。

中国自春秋战国以来，9 次大统一，26 次大分裂，历经3 700余次大的战争，其间出现和存在过的诸侯王国数以万计。在这些统一与分裂、兼并与反兼并的战争中，为了“本国”的自身利益而抛头颅、洒热血，驰骋疆场、以身殉国的忠臣良将更是不计其数。爱国主义诗人屈原得知楚国灭亡而投江自尽，“以身殉楚”；西汉张骞出使西域被扣匈奴 12 年终得以回朝复命；苏武出使匈奴被扣 19 年坚贞不屈，“塞北牧羊，服毡饮雪”，被遣回朝时已年过花甲，“皓首还乡”……还有“革革裹尸”的马援、“精忠报国”的岳飞、视死如归的文天祥、与扬州城共存亡的史可法，等等。其实，用现在的观点看，中国历史有记载的数千次战争，绝大多数都是中国内部战争。岳飞“精忠报国”报效的其实就是大宋王朝；史可法与扬州城共存亡，抵抗的是清兵，以身殉的是明王朝。满清统一全国后，康熙十八年(1679)，国史院一官员汤斌(1627—1687)在修《明史》时遇到“抗清”问题，于是奏明康熙帝，认为："顺治年间，前明诸臣有抗节不屈、临死致命者，不可概以叛书。"康熙帝听从了汤斌所奏，指示：明朝遗臣抗清均不做叛逆论处。乾隆四十一年(1776)，乾隆帝正式下诏："明清鼎革，前明诸臣有抗节不屈、临死致命者，遵君臣之大义，非叛我本朝，忠孝节义，风化所关，故赐史可法'忠正'谥号，并建祠堂……"这一下共赐了26位专谥、130位通谥忠烈、180位忠节。用现在的话说，就是追授这336位在"抗清"作战中牺牲的明朝官员为"烈士"。

一个人的道德行为，不可避免地和他所处的环境发生联系，包括当时的社会制度和社会规范。这里牵涉到哲学上"共相"与"殊相"，也就是普遍性与特殊性的关系问题。大公无私、杀生取义，是道德行为的"共相"，它在封建时代更多地表现为"忠君"这样一种受着某种社会制度和规范约束的"殊相"。所谓"精忠报国"乃是那个时代最崇高的道德典范，所以岳飞在他之后的整个封建时代一直都是受到尊重和褒扬的。清王朝能把包括史可法在内的众多抗清义士树为忠烈，决不是看中他们的抗清义举，而是从他们的道德行为的"殊相"中看到了大公无私、杀生取义的"共相"，这就是一种崇高的"爱国主义"的精神品质。在新的历史条件下，公私之分、义利之辨仍然是判断人的道德行为的最高标准，不管用什么名词把它说出来。不管何种形式的"忠君"或"爱国"，其中都蕴涵着一种共同的文化精神，这就是"大仁大义"的民族精神。仁，孔子解释为"爱人"；大仁，就是爱人民、爱国家、爱民族。义，就是孟子所说的"浩然正气"。孔子说："君子勇而无义为乱，小人勇而无义为盗。"秦汉时期的项羽就是一个"勇而无义"的君王，所以不能得民心，也就不能得天下。做强盗的人都很勇敢，但内心里缺失了一个

“义”字，就是做人、做好人的标准；大义，就是为国家为民族的利益而置个人生死于度外的“正气”。所以，爱国主义作为一种大仁大义的崇高民族精神，在我国一直被历朝历代所传颂和弘扬，是我们中华民族的一种传统美德。以爱国主义为核心的团结统一、爱好和平、勤劳勇敢、自强不息的伟大民族精神，是中华民族生生不息、薪火相传的精神血脉，是维护国家团结统一、鼓舞各族人民奋发进取的精神支柱。在建设社会主义核心价值体系和构建社会主义和谐社会中，这种民族精神具有特殊的意义。

当前，随着改革开放的不断深入，世界多极化、经济全球化的步伐逐步加快，世界各国人民的相互交往更加频繁，出国学习、考察、旅游，甚至定居国外、加入别国国籍，都不是很难的事了。世界各国出现你中有我、我中有你的局面，爱国主义的内涵和外延也随之丰富和拓展。这里面有爱中国传统文化的，有爱中国乡土风情的，有爱中华民族悠久历史的，有爱勤劳勇敢的中国人民的；有港澳地区的爱国者，有台湾地区的爱国者，还有海外各地的爱国者，他们爱国的对象各有所指、爱国的情节各不相同。党的十六届六中全会决定把“以爱国主义为核心的民族精神”作为构建社会主义核心价值体系的基本内容之一，抓住了爱国主义的精神实质。弘扬以爱国主义为核心的民族精神，可以凝聚民心，增强我们的民族自豪感、责任感和团结奋斗、共创和谐文化、和谐社会的意识和氛围，就是要靠这种“浩然正气”、靠建设社会主义核心价值体系这种正义的事业，把我们各行各业的人们都团结起来、凝聚起来，形成合力，共创社会主义和谐社会。

孔子和他的学生一起乘辂。

（三）构建社会主义核心价值体系，对于我们每个军人来说，就是要牢固树立当代革命军人核心价值观。

当代革命军人核心价值观，集中体现为“忠诚于党，热爱人民，报效国家，献身使命，崇尚荣誉”这20个字。培育当代革命军人核心价值观是建设社会主义核心价值体系的重要方面，是履行新世纪、新阶段我军历史使命的必然要求。每个共产党员和革命军人，都必须继承和发扬我军听党指挥、服务人民、英勇善战的优良传统，大力唱响“忠诚于党，热爱人民，报效国家，献身使命，崇尚荣誉”的主旋律。

当前，我国已经进入改革发展的关键时期，正经历着经济体制深刻变革、社会结构深刻变动、利益格局深刻调整、思想观念深刻变化的局面。面对这“四个深刻”，身临改革发展如火如荼的形势之中，无论企业、商场、股市、科技领域，还是我们的军队，每个人都在发展着自己的事业，职位的高低、收入的多少，已成为社会评价一个人成功与否的标杆。在这种情势之下，我们怎么看待职位、对待钱财，如何发展自己的事业，以什么样的心态反对拜金主义、享乐主义和极端个人主义？这是一个很现实、很客观的问题。

于丹在她的《〈论语〉心得》当中写了这样一层意思：人除了要有远大的理想目标、崇高的信仰和峥峥的誓言外，还必须有一个“淡定”的起点。就是平平淡淡、真真切切、踏踏实实的起点，而不是那种慷慨激昂摸不着边际的东西。于丹认为，“修身”就是这样一个很好的起点。“修身”，是对国家、对社会负责任的第一前提。修身、齐家、治国、平天下，是儒家传统的道德理想。儒家典籍《大学》中说：“欲明明德于天下者，必治其国；欲治其国者，必齐其家；欲齐其家者，必修其身；欲修其身者，必正其心。”孔夫子说：“修己以敬”，“修己以安人”，“修己以安百姓”。就是说，实现治国、平天下的远大理想，必须先要修养心性、做好自我，这是干一切事业的前提和起点。“修身”对于我们来说，就是要在继承“仁义礼智信”的儒家道德标准和“智信仁勇严”的孙子选将条件的基础上，按照我们党选拔培养干部的“德才兼备”要求，从内到外、从文到武、从德到才、从身体素质到文化素养、从点滴小事到大是大非，全面修养身心。而后还要“齐家”，就是要孝敬、赡养好老人，抚养、教育好孩子，按照古人所说的“老吾老以及人之老，幼吾幼以及人之幼”的要求，推己及他，做到尊老爱幼、兼济天下。提高自己的心性、品位和志趣，就会从内到外培养一种抵御拜金主义、享乐主义、极端个人主义以及各种腐化堕落生活方式和价值观念侵袭的“内力”。就能够小而言之，做一个身心健康的人，一个乐于助人的人，一个孝敬老人、关爱妻子、热爱家庭的人；大而言之，做一个高尚的人，一个脱离低级趣味的人，一个有益于人民的人。

前不久，《扬子晚报》登了一则消息，说某个地方党委把是否孝敬父母作为考察干部的一项内容，受到普遍关注和老百姓的欢迎。这是一个很好的做法。一个人如果不能孝敬自己的父母、关爱自己的亲人，那么他当官掌权就很难真正造福百姓、兼济天下；一个人如果连自己的家庭都治理不好，不能与家人和睦相处，恐怕也很难在他领导的范围内造就和谐团体，构建和谐社会。上海警备区基层干部王庆平爱岗敬业，也爱妻子家人、孝敬父母。他助人为乐、舍己救人的事迹，使我们再一次关注到平凡中的不平凡，重新思考人生的价值，重新评价人生的意义。构建和谐社会，没有一点和谐理念、和谐精神，是不能实现的。所以，我们每个人都应当自觉加强心性修养，把握正确的人生方向，积极倡导“爱国、敬业、诚信、友善”的道德规范，树立起社会主义的荣辱观，培养良好的道德情操、健康的生活情趣、高尚的品质素养，像古代圣贤那样“养我浩然之气”，提高抵御拜金主义、享乐主义和极端个人主义的“免疫力”，为建设社会主义核心价值体系和构建和谐社会做出应有的贡献。

这年10月，党的十七大召开。胡锦涛总书记在报告中全面阐述了社会主义核心价值体系，指出：社会主义核心价值体系是社会主义意识形态的本质体现。要巩固马克思主义的指导地位，坚持不懈地用马克思主义中国化最新成果武装全党、教育人民，用中国特色社会主义共同理想凝聚力量，用以爱国主义为核心的民族精神和以改革创新为核心的时代精神鼓舞斗志，用社会主义荣辱观引领风尚，巩固全党全国各族人民团结奋斗的共同思想基础。通过认真学习党的十七大报告，我对社会主义核心价值体系的认识又更加深入了一步。

文章“言之有物”，是写作的第一要求。而这一条也常常被人忽视。我们现在作文章，写材料，洋洋洒洒上万言，真正有用的东西往往不多，而出于为了“撑得起来”硬添加进去的东西却往往占了主体，这样的文风确是该改一改了。有东西就写，没东西不硬凑数，做到“言之有物”一条，无论为学或为文，都是十分重要的。

二 言之有理

历史家们常说，做学问、写文章要“大胆假设，小心求证”，又说要“持之有故，言之成理”。所谓“小心求证”，就是要“言之成理”。这个“理”，乃是文章的魂。作文章如果说不出理来，就失了灵魂，就不会有生命。

1918年前后，顾颉刚在北京大学上学的时候，喜欢看戏。老北京的人看戏不是“看”，而是“听”，名演员一登场，他就闭上眼睛，轻轻打着拍子，静听唱腔。只有不在行的人才睁开眼睛，看演员的扮相，看武打，看热闹。顾颉刚看戏十分特殊，他是既不“听”唱腔，也不“看”热闹，他所感兴趣的是戏中的故事。同是一个故事，许多戏种中都有，不过细节不同。看得多了，顾颉刚发现一个规律：某一出戏，越是晚出，它演的那个故事就越详细，枝节就越多，内容也越丰富。故事就好像滚雪球一样，越滚越大。由此他想到，古史也有这种情况。故事是人编出来的，经过编的人的手越多，内容就越丰富。古史可能也有写历史的人编造的成分，经过写历史的人的手，就有添油加醋的地方，经过的手越多，添油加醋的地方也越多。于是他大胆地提出“古史是层累地造成的”假设。这即是他《古史辨》的基本思想，这个思想，是他最初从看戏中得来的。[5]

但要证明这个假设，还必须有充分的证据和严谨细致的论证，也就是说必须言之成理。顾颉刚并没有急于抛出这个爆炸性的观点。1920年，顾颉刚从北大中国哲学门毕业后，开始着手考辨古史传说。他把《诗》、《书》、《论语》等古代典籍中所载的上古史中的传说全部整理出来，加以比较，发现“禹是西周时就有的，尧、舜是到春秋末年才起来的。越是起得后，越是排在前面。等到有了伏羲神农之后，尧舜又成了晚辈，更不必说禹了”。于是他更加肯定了“古史是层累地造成的，发生的次序和排列的系统恰是一个反背”的假设。也就是说，古籍中所讲的古史是由不同时代的传说一层一层地积累起来而造成的，传说发生时代的先后次序与古书中所讲的排列系统恰恰相反。这时，顾颉刚才正式提出“层累地造成的中国古史观”，成为其历史学术的精髓。

顾颉刚与王伯祥、叶圣陶在一起。

顾氏理论一出，立即在学术界激起巨大反响，有赞成者如胡适，誉其为“今日史学界的一大贡献”，称顾颉刚“这个根本观念是颠扑不破的，他这个根本方法是越用越见功效的”。也有持不同观点者，纷纷撰文与顾颉刚争辩。无论赞成的，还是反对的，顾颉刚发现这些文章大都说的很有道理。于是从 1926 年开始，顾颉刚把古史论战中双方所有文章以及后来继续讨论的文章、信件汇集在一起，编成《古史辨》第一册，并写了一篇十几万字的长序，阐发自己的观点。胡适在介绍此书时说：“这是中国史学界的一部革命的书，又是一部讨论史学方法的书。此书可以解放人的思想，可以指示做学问的途径，可以提倡那‘深切猛烈的真实’的精神。”又说，顾颉刚的“一个中心学说已替中国史学界开了一个新纪元了”。《古史辨》第一册一经问世，立即风靡学界，一年之内重印近二十版次。到 1941 年，《古史辨》共出七册。一个以顾颉刚为核心的“古史辨派”覆盖了中国史学界，极大地震荡了人们的思想与史学观。[6]

这是一个学问上“大胆假设，小心求证”的例子。足可说明文章无论观点正反，总要言之有理，就会有生命。再来看一个国共历史上的公案，也可说明军政机关在行政公文中如何“言之成理”，以支持己方的立场和观点。

抗日战争时期，国共双方于“皖南事变”前夕，围绕八路军、新四军北移问题展开激烈争论，双方文电往来频繁，可谓各据一词，据理力争。首先是国民党方面于 1940 年 10 月 19 日，依据新出台的《中央提示案》，并参酌苏北的形势，以参谋总长何应钦、副总长白崇禧的名义，致电第 18 集团军总司令朱德、副总司令彭德怀和新四军军长叶挺、副军长项英，即何、白“皓电”。电文开头就说：

民族之存亡，基于抗战之成败；抗战之成功，基于军纪之严

> 明。第18集团军及新四军在抗战之初期，均能恪遵命令，团结精诚，用克御侮宣勤，不乏勋绩。孰意寇氛未靖，龃龉丛生，纠纷之事渐闻，摩擦之端时起。张荫梧之民军横遭解决，鹿钟麟之省政复被摧残，晋叛军之逋逃，石友三之被逐，不特自由行动，抑且冰炭相消，削减抗敌力量。中央以宽大为怀，冀全终始，以济艰危，乃命应钦、崇禧，与周副主任委员恩来、叶参谋长剑英谈商办法，几经研讨，询谋佥同……[7]

"皓电"首先强调"民族之存亡，基于抗战之成败；抗战之成功，基于军纪之严明"，看来句句在理。接着指责八路军、新四军严重违反军纪的"四大罪状"：（一）不守战区范围自由行动；（二）不遵编制数量自由扩充；（三）不服从中央命令破坏行政系统；（四）不打敌人专事吞并友军。强调此"实为所谓摩擦事件发生之根本，亦即第18集团军与新四军非法行动之事实"。最后强令黄河以南的八路军、新四军限于电到一个月内，全部开到黄河以北的冀察地区。这是电报的核心内容。"皓电"的发出，是国民党发动第二次反共高潮的正式信号。

如何回复这份"皓电"，从而回击国民党蒋介石的反共图谋，既是一个重大的政治问题，也是一个现实的"学问"问题，即如何做好这篇文章，至关重要。中共中央、毛泽东审时度势，及时提出了斗争方针和对策。10月25日，毛泽东连续致周恩来两封电报，指出：国民党顽固派正在发动新的反共高潮，"我们的对策是稳健地对付国民党的进攻，军事上采取防卫立场"，"政治上强调团结抗日"。关于如何应对国民党的何、白"皓电"，当时在重庆的周恩来还根据中央指示，征求了冯玉祥、李济深等人的意见。冯玉祥根据他和蒋介石多年打交道的经验，提出：对皓电"应该立即复电，由何、白呈统帅。

文章要作得委婉，不带意气，表面上服从他的命令，实际上可实行自己的办法”，“无论如何不与蒋分裂。要软硬两用，表面让步，实际自干”。[8] 11月1日，周恩来致电毛泽东，提出“用朱、彭、叶、项名义通电答复何、白，并呈蒋，要求解决悬案（边区、扩军、补给、冀察政权、党案等），表示在充分保障（政、军、经）下，可北调”，“实际上只是放弃江南，以便集中兵力到江北布置良好阵势”。[9] 11月2日，毛泽东致电周恩来，指出：我们“仍主表面和缓，实际抵抗”的方针，“现距何、白‘皓电’限期尚有20天，拟日内拟好复电，待10号左右拍发，不必复得太早”。[10]

11月9日，毛泽东先有一电给周恩来，告之“佳电”已最后确定文字，即日可发，“由你处转交何、白”；同时将电报核心内容预先告之，即中央打算区分江南、江北部队有条件地执行“皓电”指令，“江南确定主力北移，以示让步，江北确定暂时请免调”；并对“暂时请免调”的策略做了进一步解释：“说暂时乃给蒋以面子，说免调乃塞蒋之幻想”；对外宣传，多强调免调各理由，如祖宗坟墓、遵守蒋《告沦陷区同胞书》并无错误、家属无保障、华北五灾等；“又‘佳电’所称肺腑之言，乃暗示彼方如进攻，我方必自卫，而以鹬蚌渔人之说出之，亦请对外宣扬，以期停止彼之进攻。”接着，中共以朱、彭、叶、项名义正式给何、白复电，这即是答复国民党“皓电”的“佳电”。电报主要针对“皓电”指斥的“四大罪状”，从行动、防地、编制、补给、边区、团结抗战之大计等六个方面做了针锋相对的回应。比如“关于行动者”，“佳电”指出：

> 职军所有部队，莫不以遵循国策、服从命令、坚持抗战为唯一之任务。四年以来，抗御众多之敌军，收复广大之失地，所有战绩，为国人所共见，亦为委座历次明令所嘉奖。……古人有言：兼听则明，偏听则暗。而事理之正，贵得其平。况在艰苦异

常之敌后抗战，多一分摩擦，即多一分困难，自非不顾大局专以摩擦为能事之人，未有不愿消弭纷争团结对敌者。故德等主张彻底查明其是非曲直，期于永杜纠纷，以利抗战。倘承俯允，乞赐施行。

“关于编制者”，电文说：

职军孤悬敌后，欲求杀敌致果，达成统帅所付之战略任务，不得不遵循三民主义与抗战建国纲领所示原则，唤起民众，组织游击部队，因而超过原来编制，此任务与组织之连带关系，实亦有所不得不然。然以现有五十万人之众，领四万五千人之饷，虽有巧妇，难以为炊，故不得不要求民众协助。……然不为法律所承认，不为后方所援助，则精神痛苦，无以复加，故有请中央允予扩充编制之举。[11]

中共“佳电”据实驳斥了“皓电”的种种诬蔑不实之词，婉言拒绝了国民党强令华中八路军、新四军全部集中到黄河以北的无理要求。同时，为顾全抗日大局，相忍为国，挽救危亡，决定新四军皖南部队将开赴长江以北，但须宽限时日。行文以事实为依据，可谓晓之以理，动之以情。

国民党方面收到中共“佳电”后，又精心拟制了回复电文，于12月8日仍以何应钦、白崇禧名义致朱、彭、叶、项。这即是“齐电”。该电首先指责中共“佳电”“大都以对外宣传之辞令，作延缓奉行之口实”，未免太乏真诚，接着指出：

夫坚持抗战，争取胜利，必须有彻底统一之军令，使各部队分工合作，共同一致，而后防战攻守，乃能悉中机宜，必须有严格整齐之军政，使各部队质量配备，皆遵规定，而后抗战御侮，乃能集中有效，用时地方行政系统，不容擅加割裂，袍泽同心杀敌，不容阴谋兼并，自是皆克敌致果不易之原则，亦即全国各军所应必守之纪律。兄等身为军人，自必深明此义，今披阅来电，按之事实，则兄等对统帅命令，仍以推诿延宕为得计，迄无确切遵从之表示，而凡所指陈，更以避实就虚为掩护，绝无平心静气之反省，此实应钦崇禧之所大惑，且对兄等不胜其痛惜，而愿再竭精诚以相告言者也。[12]

此电长达5 300余字，完全针对中共“佳电”所列各项而“据理力争”，其针对性、说理性均很强，措辞十分强硬。表明了当时国民党方面的态度，似乎是要做到“仁至义尽”。其言外之意似乎是，如果政府这时有意要剿灭共产党军队，又何必与你多言！“齐电”还声称“军令法纪之尊严，必须坚决维持”，要求八路军、新四军迅即“遵令”，将黄河以南部队全部调赴河北。

12月18日，朱德、彭德怀、叶挺、项英再次致电国民政府军政部次长刘斐，即“巧电”，对何、白“齐电”做出回应，并将江南部队北移行动部署据实相告。

从国民党方面的“皓电”，到中共的“佳电”，再到国民党的“齐电”，再有中共的“巧电”，电文也从1 300余字到2 700余字，再到5 300余字，最后落到2 000余字。这既是政治上的斗智斗勇，也是一次针锋相对的“文字战”，如何言之成理，从而据理力争，成为国共双方措词撰文的重要着力点。

这是由国共双方来往电文的比较，而见出文章如何言之成理的问题，此等文章关系重大，也是军政机关的一项十分重要的工作，不可小觑。建设学习型机关，一个很重要的目的亦在于通过学习，提高机关的综合文字能力。此种能力，无论平时、战时，或非常之时，均大有其用途所在。

三 言之有情

毛泽东写文章素来富有激情，他在青年时代的文章尤其如此。1919 年 7 月 14 日，26 岁的毛泽东在湖南长沙创办《湘江评论》周刊，并撰写《发刊词》，其中写道：

> 时机到了！世界革命的大潮卷得更急了！洞庭湖的闸门动了，且开了！浩浩荡荡的新思潮业已奔腾澎湃于湘江西岸了！顺他的生；逆他的死。如何承受他？如何传播他？如何研究他？如何施行他？
>
> 什么问题最大？吃饭问题最大；什么力量最强？民众联合的力量最强；什么不要怕？鬼不要怕，死人不要怕，官僚不要怕，军阀不要怕，资本家不要怕……
>
> 由贵族的文学、古典的文学、死形的文学，变为平民的文学、现代的文学、有生命的文学。
>
> 一言以蔽之，由强权得自由而已。各种对抗强权的根本主义，为平民主义。宗教的强权，文学的强权……丝毫没有存在的余地，都要借平民主义的高呼，将他打倒。[13]

紧接着，毛泽东又写了他早年最重要的文章《民众的大联合》，分三次连载于 7 月底至 8 月初的《湘江评论》第二、三、四期上。他写道：

> 我们醒觉了！天下者，我们的天下。国家者，我们的国家。社会者，我们的社会。我们不说，谁说？我们不干，谁干？……
>
> 思想的解放，政治的解放，经济的解放，男女的解放，教育的解放，都要从九重冤狱，求见青天。我们中华民族原有伟大的能力！压迫愈深，反动愈大，蓄之既久，其发必速。我敢说一

怪话，他日中华民族的改革，将较任何民族为彻底。中华民族的社会，将较任何民族为光明。中华民族的大联合，将较任何地域任何民族而先告成功。诸君！诸君！我们总要努力！我们总要拼命地向前！我们黄金的世界，光华灿烂的世界，就在前面！[14]

毛泽东的这篇文章不仅观点鲜明，对未来充满泰然自若的信心，而且饱含爱国主义的激情，感染力极强。此文一出，引起极大反响。成都的《星期日》周报全文转载，上海的《时事新报》部分转载，《新青年》、《新潮》、《晨报》副刊等也相继做了推介。《湘江评论》在毛泽东的主持下，从当时中国出版的四百多种学生刊物中脱颖而出，与北京李大钊、胡适主编的《每周评论》，上海戴季陶主编的《星期评论》，并称为"五四"时期的"三大评论"，誉满全国。

其实，言之有情，除了文字上要有感情、充满激情之外，在内容上更要体现真实情况、反映真切感受。前些年，我们机关干部部门通知我们撰写"自传"，要放进个人档案。这对于每个同志，几乎都是很重要的一件事，因而大家都十分重视，但这个"自传"如何写却没有统一的标准。我看了一些人的自传范本，大都置重点在现实工作，似乎更像是述职报告。我就在想，什么是自传？自传，应当有别于述职报告，它是对自己生命历程的回顾与反思，而不应是对现实工作的自我标榜。写自传，一定要留有一个自我反思的时间和空间。也就是说，自传中越远的事才越真实、越真诚，越近的事由于"陷入那些事件的漩涡之中，而不能把事情看明白，又过于受到我们自身感情的支配"，所以写出来的东西往往不够真切。基于这样一种认识和考虑，我把自传的重点放在了 20 年前，即入伍之前的经历，这样就留出了一个 20 年的反思时间和空间。而对于 20 年来尤其近些年的工作和生活，则叙述得十分简略。我是想把现实中的人和事留待以后，待这一切都成为过去，并且自己亦行将成为过去时再行补充。我又想，这个“自传”其实不能算是真正的自传，孔子说“四十而不惑”，40 岁看自己，只是不再困惑，就是能把人生中的一些事看明白。所以人到 40 岁，才是一个真正成熟的年龄。基于此，我把自己的这个所谓的“自传”另取了一个标题，叫做《我的成长经历》。关于入伍前的主要经历，我是这样写的：

……我就出生在这个古老而又神秘的山村。我出生时，父亲已是公社（乡）供销合作社的职员，在我们村里是唯一吃“皇粮”的。因为父亲为人和善，乐于助人，活动能力又比较强，周围十里乡村的人都管他叫“王经理”。母亲在村里是数得着的贤惠人家，因我家辈分较长，邻里一些年轻的甚至仅小母亲几岁的媳妇小伙，都亲切地唤我母亲做“小婶婶”。

我没有见过祖母（奶奶），她在我出生之前就去世了，留下一张照片，穿一套黑色的绸缎唐装，坐在一把朱红的椅子上，样子还算“富贵”。我 6 岁的时候，祖父（我们家族一直把祖父唤做“老老”，不知有何来历）去世了。当时我还不很记事，只隐约记得是在一个冬天的早晨，老老在全家人的哭声中走了，再也没有回来。

我在家排行老幺，上面有两个哥哥两个姐姐，我 7 岁时，姐姐带我去学校报名，老师提的问题我都对答如流，却因“年龄还小”而没能报上名，只好回家又耽搁了一年。

我家的庭院里有一棵很高很大的银杏树，没有人知道它究竟有多少岁了。小的时候还经常见到有松鼠在树上跳跃玩耍。记得有一回我问老老：这树是您栽的吗？老老说：我像你这般大小的时候，这棵树就已经这么粗大了。好多年后，哥哥姐姐们都成家立业了，家里总要分家，那时我刚从军校毕业，母亲就把房子田地家什分给哥哥姐姐们。我就得了一棵古树，一个老母亲和她住的一间半老屋。后来我又回到这座老屋里结了婚，再后来女儿也在这个院子出生。我突发感慨，写了一篇《庭院里那棵银杏》的文章。其中写道：

> 我家庭院里的那棵银杏，是长在不大的庭院中央的，它那宽阔的枝叶伸展得覆盖了整个院落。春天，害羞的银杏花从幼嫩的树叶间探视着新奇的世界，满院里飘逸着细碎的花絮和它那淡淡的幽香；盛夏，它撑开厚大的绿伞，为我们挡住炙热的酷暑，辟开一方纳凉的阴清场所；深秋，夕阳西斜，和风拂拂，院子里便纷纷扬扬翻飞着无数只金黄美丽的"蝴蝶"；隆冬时节，光秃的枝丫孤傲地伸向空旷的天空，映衬出一个深刻而悲惨的世界。
>
> ……老老在庭院里那棵银杏树下出生、长大，娶了奶奶，生了父亲；父亲亦在那棵银杏树下出生、长大，娶了母亲，生了我。遗憾的是，他们一生都没能走出那棵银杏树掩映的院落。
>
> 我，庆幸于出生在祖辈们生活了几代人的那棵银杏树下。20 岁那年，我告别了银杏树下的那座庭院，去了遥远的南方。却依旧在骨子里恋着我庭院里的那棵银杏，终于还是回到魂里梦里的银杏树下娶了妻，生了女儿……

文章连同一张妻子在银杏树下洗衣的照片，发表在《新一代》杂志 1996 年第 7 期上。

我 8 岁时才上学，母亲总算解了很大的负担。那时每天上学、放学都要穿过一个天然的山洞，名"山门洞"。母亲常目送我进洞就以为我去了学校，其实我常常钻到旁边的"狗洞"里躲一会儿，再上山一阵疯玩去了。附近的山上生长着很多山楂、草莓之类的野果子，是我孩提时的美味享受。

穿山而过的还有一条“水洞”(古称“涟漪洞”),水洞里流出的清泉形成一条小溪,唤做“中间河”,大约是把村子一分为二而得名的。这里是我和伙伴们捉鱼虾、搬螃蟹(搬开石头捉螃蟹,我们老家都叫“搬螃蟹”)的乐园。而所有这些山啊,水啊,都是我上小学时逃学的好去处。后来终于被知道了,当然是少不了一顿好揍。

小时候,我是村里出了名的“孩子头”。村里和我一般大小的孩子甚至比我大一两岁的孩子,没有不听我话的。我们那时玩的最多的就是“打仗”,所有孩子分成两班,展开对抗。这时,未成熟的果子、不能吃的银杏,甚至泥块、石子等,就成了我们常用的“武器”。时常有人被打破头的,这时就哭着在他妈妈带领下找到我家。母亲就一边给人赔不是,一边煮几个荷包蛋哄哄孩子。那时我家几只鸡生的蛋差不多都用来赔偿了。也有很得意的时候。有一回,我们和邻村的孩子“打仗”。他们事先占领了牛头山,居高临下,我们的人正准备从正面“强攻”,我赶到了。在观察地形之后,我带领队伍转身后撤,山上的“敌人”见我们逃跑,立刻冲下山准备追击。我们立即向西迂回,绕道牛头山西侧,很快占领山头。当他们回过神来的时候,已不得不接受败局了。后来才知道,这大概就叫做“调虎离山”了。

大约上二年级的时候,校园里的好多蓖麻引起了我的注意,下课时我捡了一些蓖麻籽,带回家,种在自家菜园边的空地上。这回父母们难得没有斥责。经过一年的辛勤劳动,我居然收获了满满一抽屉蓖麻籽。父亲帮我带到外地卖了3元6角钱,而且把钱全部给了我。这相当于那时父亲一个月工资的十分之一。面对父亲递过来的钱,我不知所措,足足傻笑了好几分钟。1994年,我把这段经历写下来,以《心系蓖麻悠悠情》为题发表了。我写道:

庭院里那棵银杏树。

七八岁刚上小学的时候，忽然对教室后墙边的几株蓖麻产生了兴趣。那阔大浓绿的叶子下，挂着一嘟噜小绿果，上面还生着密密的小刺儿。剥开一瓣成熟的果子，一粒身着花纹的蓖麻籽立刻跃然掌心，活脱脱似一只可爱的小甲虫。

听老师说，蓖麻籽可以榨油，它的油能用在飞机上做润滑油，可高级啦！说到飞机，一下激起我好多幻想。那常常在头顶上空高高飞翔的如云雀般的飞机，常常令我们这些七八岁的孩子们仰酸了脖子望花了眼还看不清楚的神秘，我们总怀着一种可望而不可及的感觉。不想这不起眼的蓖麻籽却能有如此高贵的用途，真是了不起！

细心阅读着掌心里小小的蓖麻籽，一种崇敬好奇之情油然而生。

课间，独自到蓖麻树下拾几粒散落的种子，成了我那时最欢欣的乐事。第二年初春，我把积攒的一大捧蓖麻籽种在自家屋后的一块空地里和爸爸的菜园边，精心地浇水、施肥。终于有一天，一场春雨过后，满地里拱出无数个半环形白皙的嫩芽，不经意把我辛劳期盼的日子吓了一跳。

炎炎夏日里，钻进高大阴凉的蓖麻丛中，心里头乐滋滋的。摘果、剥壳，每天放学回来，做完功课，这成了我全部的寄托。家里人见我这般小小年纪竟如此执著于种植蓖麻，都觉得不可思议，但在不可思议中他们也常常给我一些帮助。小时候难得做件事不被大人们斥责，于是兴致更浓了。

不觉已是深秋，忽然一阵寒霜过后，蓖麻树全枯了。我收完最后一批蓖麻籽，晒干，一称刚好六斤。爸爸带了去帮我卖。几天后的一个晚上，我正在房间里做功课，父亲推门进来，唤了我的乳名说："蓖麻我替你卖了，六毛钱一斤，六斤，一共三元六角钱,你拿着。”

听了父亲的话,看着父亲递过来的钱,我简直不敢相信这是真的。我的脑子里一下全糊了,不知在想什么,更不知该说什么,只是一个劲地傻笑。足足五分钟,我一个字说不出来,就这么不停地傻笑着。父亲见我不能自持的样子也忍不住笑了。要知道,那时我只是个八九岁的孩子啊!第一次凭自己的劳动挣得了三元六角钱。而且,父亲平常连五分钱都不轻易给我,这回却大大方方地把这么多钱交给我。我能不高兴,能不激动吗?这钱凝聚了我多少辛勤的汗水也蕴涵了我多少勤劳的乐趣啊!对于刚进学堂不久的我,除了傻笑又能怎样表达内心的感受呢!

……好多年里,我对于父亲宁可花两倍的价钱为我卖掉蓖麻的做法,一直很难理解。直到上高二时父亲病逝之后,在一次次对父亲深深的怀念中,思索着父亲对我的每一句教诲和开导,终于有了不少领悟。父亲太珍惜我的劳动果实了,为了卖掉蓖麻不惜花更高的代价,这是他勤劳、朴实、耿直的品行决定的。父亲并不傻,他的这一做法令我思索了好多年,它使我懂得了勤劳、懂得了创造、懂得了珍惜、懂得了自立。那三元六角钱成了我终生享用不尽的财富啊!

每当看见蓖麻,就像见到久违的亲人,倍感亲切。常常想起蓖麻,想起与蓖麻联在一起的人和事,于是又一次感慨万千,又一次情不自禁地傻笑……

在山门洞内的山门小学上学时,由于过于贪玩和经常逃学,学习成绩每况愈下,到三年级时竟然语文、数学两门课都不及格。恰在这时,学校拆了,整体搬迁出来建立新的小学。新小学离我家仅百米远，逃学是不可能了。因为成绩太差，我只好留级，加上“四人帮”的误国误民，这一学年又增加了一个学期，所以三年级我实际上读了两年半。正是这两年半的三年级，成了我学生生涯的一个重要转折。从此之后，直到高中毕业，我几乎一直担任班长，年年都是“三好”学生。

上初中是在山门中学。刚上初一时，班主任魏老师是一位和蔼的女老师。开始，班上由一个“武功”不错的高大男生临时担任班长，一个月后，由于我的成绩和表现都不错，魏老师提拔我担任小组长，不久又破格任命我担任班长。有一天，魏老师拿了一封信来到教室，面带微笑地念给我们听。这是她的一个上大学的学生写来的，信中讲了大学的学习和生活。我第一次间接地了解到大学的生活情景，从此开始憧憬神秘的大学，也立下了一定要上大学的志愿。

上初二时，我被评为县里的“三好”学生和优秀学生干部。1982年春，我作为优秀学生代表，出席了地区举办的“三好”学生和优秀学生干部代表大会。第一次出远门到泾县参加了四天的会议。期间，我们参观了云岭新四军军部旧址纪念馆。站在泾县城外水西山还未竣工的“皖南事变烈士陵园”前，我感慨万千，默默立下了献身国防的崇高理想。十年后，我穿着中尉军服故地重游，写下了《云岭脚下的断想》的文章，可惜手稿后来丢失，也未能发表。

1983年6月，正当我即将初中毕业准备参加中考时，家乡突然遭遇山洪。我的老家山门街共有16栋房屋被洪水冲毁，我家也未能幸免，一方山墙完全冲开，屋里的稻米家什衣物荡然无存。一个月后，我只身到城里参加中考，同族的一个叔叔顺便去看了我，给了我20块钱，令我至今不忘。考完试后，我就回家帮助父母们重建家园了。中考成绩不很理想，只被普高录取。父母们忙于建房子，也无心过问我的事。开学了，高中的老师催我去上学，我自己也不甘心上普高,就一直耽搁着。又过了一阵子,父亲让我还是补习一年,家里经济上也好缓和一下。看来也只好如此。就这样,我在初三时又复读了一年,第二年考入重点高中。

高一时,姑父一家从福建的福州军区转业回来,住在城里,对我多少有些照应。我的学习成绩也一直不错,基本保持在班上前几名。1986 年 5 月,正当我高二临近结束即将升入高三时,父亲突然病故。这个突如其来的打击,使我好长时间精神恍惚,成绩也一落千丈,指望通过高考上大学的希望已十分渺茫。

父亲生前是公职人员,根据当时的政策,父亲病故后可以由一个子女顶替公职。那时,无论家里人还是父亲单位的领导都希望我能顶替,他们甚至承诺顶替后可以送我去商校上学。我比较要好的几个同学甚至班主任老师,也都支持我放弃学业,回家顶替父职上班。我面临着前所未有的抉择。周末,我回到家里,关上门窗,面对父亲的遗像,痛哭了一场。然后,我抹干眼泪,回到学校,一头钻进课本,埋头苦读。没有人知道我心底发生了什么事,这一段感受对我来说真是刻骨铭心。后来大学毕业时,我把这段经历写下来,以《第一次骑车带人的启示》为题发表,记述了我成长过程中的一次重要转折,也表达了我坚定地走军旅之路的决心。(因我第一次骑车带的人就是我父亲,那时因我骑车技术很差,又从未带过人,所以不敢带。而父亲却鼓励我说:“以前没做过的事,就现在做。现在不做,就一直都是没做过。”给了我很多人生启发。)

功夫不负有心人。那年高考我们班考上了 16 个大学本科,我就是其中之一。那年报考军校比较热门。我们班有 32 人报了军校,但军检合格的只有 6 人。我当时并没有报名,一来是担心身体不合格,二来也是对自己的成绩缺乏信心。后来在姑父姑姑的鼓励和催促下,我补报了军校。结果体检毫无悬念地一一通过,而最后高考成绩我又是全班唯一达线的。那年，我们全校考上军校的也仅我一人。

在村子里，我是第一个大学生。这本来是一件喜庆的事，只是因为父亲尸骨未寒，我们全家都太沉重，而没有当做喜事来操办。临行前，家人为我打点了简单的行装。母亲亲手为我缝制了两双鞋垫，在我心底刻下深深的烙印。后来，我以《鞋垫》为题发表了一篇感激母爱的文章。我写道：

> 我上大学时，母亲送我的礼物是她精心为我缝制的两双鞋垫。
>
> ……临行前一天，天飘着蒙蒙细雨。我偕着母亲，带了些纸钱，踏着泥泞的小路，来到父亲的墓地。秋风夹着凄凉的雨丝迎面袭来，翻动着我的心肠。一处熟悉的坟茔忽然跃入我眼帘，顿觉心底一股酸苦直往上涌，眼前模糊起来。我强忍着欲落的泪珠，看看母亲早已成了泪人。这一切为我诉说了所有，我只默默地烧着纸钱。
>
> 第二天一大早，我急着起程赶车，全家人把我送到车站。母亲塞给我两双崭新的鞋垫，噙着眼泪语重心长地说："儿啊，你就要出远门了，妈没什么可送你，就送你两双鞋垫。"母亲擦了擦脸上滑落的泪水，似乎又想起什么，接着说："你一个人在外边，往后要走很多路。鞋子里垫双鞋垫，鞋也耐穿，脚也舒服，走路也会踏实些。"
>
> 我收下了母亲的鞋垫，也收下了母亲满面的沧桑和她那饱含期盼的眼神。
>
> ……母亲是个平凡而又平凡的人。她对我没有豪言壮语的谆谆教诲，但她却以伟大母性所具有的一切美德鼓励我勇敢

地面对人生。……母亲是平凡的，然而母亲是伟大的。母亲对我表现母爱的方式，似乎主要在于不断地给我做鞋垫。这在她或许只是年迈老母自然会想到的，但在我却宁愿看做那是母亲激励我脚踏实地步履人生的象征和期待。

……母亲渐渐老了，愿母亲的鞋垫永远在我脚下延伸。

一连好几天，我几乎都沉浸在回顾过去的自我感动之中。我真切地感到，撰写这样一部“自传”，对于自己真的是一次生命洗礼的过程。一些生活中的烦恼忧愁沉渣滓垢挥之而去，仿佛周遭被大雨冲刷过一般洁净了好多，心灵也更加纯洁，更加高尚起来。

四 写出新意

唐朝有个诗人李贺，素有“诗鬼”之称，他作诗非常用心。他的母亲曾说：“我儿作诗要把心肝都呕出来了。”其实何止李贺，历来的著作家，凡是有传世著作的，都是呕出心肝，用他们的生命来写作的。著名哲学家冯友兰说：“照我的经验，做一点带有创作性的东西，最容易觉得累。无论是写一篇文章或者写一幅字，都要集中全部精神才能做得出来。这些东西，可能无关宏旨，但都需要用全副的生命去做，至于传世之作那就更不用说了。李商隐有两句诗：‘春蚕到死丝方尽，蜡炬成灰泪始干。’蚕是用它的生命来吐丝的，蜡是用它的生命来发光的。”[15]

“用全副的生命来写作”，这是学人们抱着“为天地立心，为生民立命，为往圣继绝学，为万世开太平”的宏大志向而为“传世之作”的情形，非我们一般人而能为之。但至少可以给我们一些启迪，就是作文章不但要用脑，更要用心，还要努力地用我们全副的生命去作，这样才能写出新意，写出自我。

作文章要写出新意，其实说难也并不很难。这里面有选题新、思想新、观点新、写法新、素材新等。我觉得，无论从哪个方面总要能写出一点新的东西，而且文章的新意是比它观点的正确、结构的严谨、逻辑的严密等方面更加重要的东西。主张文章要写出新意，目的就是在于我们写文章时应当把主要的精力和注意力放在求“新”上，而不是放在别的其他方面，如凑篇幅、撑结构、谋语句、抠字眼等等。

我们来看看毛泽东的文章是如何求新的。

1925 年 12 月，毛泽东为反对当时党内存在的以陈独秀为代表的右倾机会主义和以张国焘为代表的“左”倾机会主义两种倾向，写了《中国社会各阶级的分析》一文，上来就说：

> 谁是我们的敌人？谁是我们的朋友？这个问题是革命的首要问题。中国过去一切革命斗争成效甚少，其基本原因就是因为不能团结真正的朋友，以攻击真正的敌人。[16]

开门见山，单刀直入，直奔主题。接着对中国社会各阶级的经济地位及其对于革命的态度，做了一个大概的分析，最后指出：

> 综上所述，可知一切勾结帝国主义的军阀、官僚、买办阶级、大地主阶级以及附属于他们的一部分反动知识界，是我们的敌人。工业无产阶级是我们革命的领导力量。一切半无产阶级、小资产阶级，是我们最接近的朋友。那动摇不定的中产阶级，其右翼可能是我们的敌人，其左翼可能是我们的朋友——但我们要时常提防他们，不要让他们扰乱了我们的阵线。[17]

整篇文章结构简洁，层次分明，所要表达的意思、所要解决的问题，十分清晰明确，绝无矫揉造作之词句。

再来看看《星星之火，可以燎原》一文。这是1930年1月毛泽东写给林彪的一封信，是为答复林彪散发的一封对红军前途究竟应该如何估计的征求意见的信。毛泽东判断中国革命的高潮快要到来了。如何快要到来，文章的结尾这样写道：

> 我所说的中国革命高潮快要到来，决不是如有些人所谓"有到来之可能"那样完全没有行动意义的、可望而不可即的一种空的东西。它是站在海岸遥望海中已经看得见桅杆尖头了的一只航船，它是立于高山之巅远看东方已见光芒四射喷薄欲出的一轮朝日，它是躁动于母腹中的快要成熟了的一个婴儿。[18]

毛泽东在这里用了三个排比式的比喻，把"快要到来"的革命高潮形象、生动地展现出来，而且用这些清新、壮美的语句，把作者内心的那种迎接革命高潮、正待欢呼雀跃的欣喜、激动之情，也形象、生动地传递给每一位读者。

机关工作人员，常会做一些起草文件的工作，平时还要结合工作任务从事一些学术研究，搞材料、写文章是一项经常性的工作，也是检验"笔杆子"的一项硬指标。我觉得，写出新意，是一个材料、一篇文章的全部生命。没有新意，这个材料、这篇文章便没有存在的价值。如何求新，是一个见仁见智的问题，但从根本上说，它不是一个技术性的问题，而在于多读书，多积累，就是肚子里要有货。

2006年5月，第七届《孙子兵法》国际研讨会在杭州召开。会议主题是"《孙子兵法》与世界和平"。邀请军区首长出席并致辞。我们接受任务要为首长起草一个简短的致辞提纲。本来这样的领导致辞只需讲一些欢迎客套的话，就行了。完全用不着费很大气力来写。但我们了解到，这次会议有来自20多个国家和地区的150余名外宾参加，他们都是来自世界各地的“孙学”方面的专家。我们的领导在这种场合讲话，总要能讲出些新意来。于是，我们就认真研究会议组委会提供的有关资料，重新学习《孙子兵法》，结合会议主题，拿出初步框架。在学习研究中，我发现第五届《孙子兵法》国际研讨会是在苏州举办的，而这一次在杭州举办。苏、杭两地不但素有“上有天堂，下有苏杭”之美誉，而且这两地似乎在春秋战国时期正分属于吴、越两国。我忽然悟得，吴越之争、吴越同舟、同舟共济，似乎有某种联系，这篇致辞正可以由此切入。于是，沿着这些线索，我查阅了一些书籍资料，果然印证了我的想法，于是一篇仅数百字的致辞就这样出来了。它的开头这样写道：

> 也许是历史的巧合。《孙子兵法》第五届国际研讨会，2000年在苏州举办；这次是第七届，在杭州举办。从地域上讲，苏州和杭州两地物华天宝，人杰地灵，历来有“上有天堂，下有苏杭”之说。2500年前的春秋时期，这两个地方分属于吴国和越国，吴王阖闾和越王勾践相互攻伐，素有积怨。孙武在《孙子兵法·九地篇》中写道：“夫吴人与越人相恶也，当其同舟而济，遇风，其相救也，如左右手。”在中国流传千古的“吴越同舟”、“同舟共济”的成语就出自这里。“同舟共济”后来发展成为一种倡导大家捐弃前嫌，相互帮助，共同抵御风浪，战胜困难的可贵理念。这也正是我们这次会议研讨的主旨。

接下来再是一些欢迎客套之类的话。应该说，这个致辞出乎很多人的意料，会议期间有好多代表找我要了那份稿子，包括一些美国、加拿大、新加坡等国的专家，收到了比较好的效果。

五 反复修改

唐代诗人杜甫有一句诗："语不惊人死不休。"意思是说，作诗，每一句话，甚至每一个字，都要字斟句酌，达不到"惊人"的地步，死也不能罢休。杜甫作诗，为了达到语句惊人，常常把写好的诗念给老人和小孩子听，看看他们能不能听懂，再根据他们的意见，认真加以修改完善。所以，杜甫才成为中国历史上的"诗圣"。

好文章是改出来的。1942年2月8日，毛泽东在延安干部大会上对鲁迅谈创作的体会做了详细解说，指出："鲁迅说，文章写好后'至少看两遍'，至多呢？他没有说，我看重要的文章不妨看它十多遍，认真地加以删改，然后发表。"[19]

毛泽东这样说，他也是这样做的。1956年12月，中共中央就国际上发生的一系列重要事件，发表了一篇《再论无产阶级专政的历史经验》的重要文章。这篇文章由毛泽东构思，胡乔木起草，12月2日拿出初稿，到29日正式发表，前后八易其稿。27日晚，毛泽东再次召集刘少奇、陈云、邓小平、胡乔木、吴冷西、田家英等开会，对文章做最后一次讨论修改。据参加修改的人民日报社社长吴冷西回忆说：

> 胡乔木、田家英和我三个人就在毛主席住所后面的居仁堂修改。我们修改完一部分，就由田家英给毛主席送去一部分。毛主席也看一部分改一部分。这样流水作业，一直到第二天——十二月二十八日清早，我们把最后一部分修改完，三个人一起到毛主席卧室去。毛主席看完后决定当天晚上广播，二十九日在《人民日报》见报。[20]

之后不久，毛泽东又主持起草和修改《关于正确处理人民内部矛盾的问题》。这篇文章起初是胡乔木根据毛泽东1957年3月中旬在天津等地所作的四场报告整理出来的一个讲话稿，毛泽东于4月24日开始修改，到5月7日形成第一个修改稿，并把标题正式定为“关于正确处理人民内部矛盾的问题”。整个修改过程历时近两个月，其间只要没有重大活动，毛泽东就专心致志地修改稿子。到6月19日《人民日报》正式发表，这个材料曾在驻京中央委员、候补中央委员、各省市自治区书记等100多人中广泛征求意见。以胡乔木为首的材料小组改了10稿，加上毛泽东最初3次“自修稿”，前后一共改了13稿。[21]

1963年冬，莫桑比克解放阵线外事兼组织书记、34岁的诗人桑托斯访华，在接受毛泽东接见时，他将一册中文版诗集送给毛泽东。毛泽东随即与桑托斯谈起写诗的方法。毛泽东说：有些诗写好后，不能马上用，要经过修改，写文章和写诗，不经过修改是很少的。为什么要经过修改？甚至还要从头写？就是因为文字不正确，或思想好，但文字表现不好。你写过不要修改的诗吗？桑托斯回答说“很少”。毛泽东又接着说：“我要修改，有时还要征求别人的意见。别人有不同意见，我就要想一想。”[22]

文章写好后，一般总要先“冷却”一下，这叫做“冷处理”。要使我们的心情或情绪，从写作时的激奋状态中冷却下来，进入到正常平静的状态，这样过去几天或几周之后，再去对文章进行修改和完善。主要修改在文字、语句上，有时也会因认识上的渐次深化而对文章的思想进行修正，对文章的结构布局进行或大或小的重新调整也是常有的事。修改文章一般主要是作者自己的事，必要时可征求他人意见，如果是集体起草撰写的公共性文章或综合性材料，则往往要多次召开会议反复讨论修改，以求统一思想，完善结构，精练语句。

2007年3月，美国参谋长联席会议主席佩斯一行访问我们部队机关，首长要为佩斯写一幅字。经过认真思考，决定写“和为贵”三个字，作为军事外交礼品赠送给来宾。但仅仅这三个字，外宾未必看得明白。所以要附上一个简要的说明，阐明这幅字的深刻含义以及我方首长之所以写这幅字的用意。我们受领任务后，翻阅了《论语》、《老子》、中国领导人在国际会议上的讲话以及最新的国家领导人讲话等，在参阅大量文献资料的基础上，拿出了一个千余字的初稿，接着反复推敲修改，多次小范围会商，几易其稿，最后形成仅三百五十余字的“说明”，全文如下：

> “和为贵”，语出《论语·学而》，孔子的学生有子说：“礼之用，和为贵。”意思是，凡事以达到“和”最为可贵。天地万物要和谐，国家之间要和平，亲友近邻要和睦，待人接物要和善。孔子深以为然，并进一步提出“和而不同”的观点，主张在相互尊重中取长补短，在相互交流中共同进步，不求简单的趋同和一致，这样才能达到“和”。此后2 500年来，“和为贵”的思想在中国发扬光大，成为一种世代相传的价值观念和理想追求。正是这种“和”的精神，促进了中华民族的繁衍和文化的传承。
>
> 当今世界，和平、发展、合作是时代主题。建设持久和平、共同繁荣的和谐世界，不仅是发展的前提，也是发展的目标。在各国人民命运相连、休戚与共的今天，弘扬“和为贵”的精神，对有效化解各个国家、各种文明之间错综复杂的矛盾和冲突，保持世界的和谐与安宁，可以发挥积极而重要的作用。

这个简要的“说明”后来用中英文两种文字制作成一张卡片，并用西班牙著名画家毕加索为世界和平大会所作的名画《和平鸽》做底图，图文并茂地体现了“和为贵”这幅字的深刻寓意。佩斯十分高兴地收下这份礼物，表示将永久珍藏。

注释：

[1]《毛泽东的读书生活》，北京：生活·读书·新知三联书店2009年，第14—15页。

[2]《在广州中央工作会议上的讲话》（1961年3月23日），见《毛泽东文集》（第八卷），北京：人民出版社1999年，第263页。

[3] 胡适：《文学改良刍议》，见《1895—1995世纪档案：影响20世纪中国历史进程的100篇文章》，北京：中国档案出版社1995年，第146页。

[4] 岳南：《陈寅恪与傅斯年》，西安：陕西师范大学出版社2008年，第87—89页。

[5]《冯友兰学术自传》，北京：人民出版社2007年，第283—284页。

[6] 岳南：《陈寅恪与傅斯年》，西安：陕西师范大学出版社2008年，第101—102页。

[7] 摘自《何应钦、白崇禧关于限令八路军新四军撤至黄河以北问题致朱德等电》（1940年10月19日），见《中国人民解放军历史资料丛书·八路军·参考资料》（1），北京：解放军出版社1992年，第462—464页。

[8]《国民党民主派与皖南事变的关系》，见《二十世纪中国实录》（第三卷），第2949页。

[9]《周恩来关于目前形势的分析和对策致毛泽东电》（1940年11月1日），见《新四军·文献》（2），北京：解放军出版社1994年，第23—24页。

[10]《毛泽东关于蒋介石反共形势的分析及其对策致周恩来电》（1940年11月2日），同上书，第27页。

[11]《朱德、彭德怀、叶挺、项英为顾全大局挽救危亡致何应钦、白崇禧电》（1940年11月9日），同上书，第37—40页。

[12]《何应钦、白崇禧致朱德、彭德怀、叶挺、项英齐电》（1940年12月8

日)，见《皖南事变资料选》，上海：上海人民出版社 1983 年，第 63—70 页。

[13]《头版头条——中国创刊词》，古敏编著，北京：时事出版社 2005 年，第 124—125 页。

[14] 参见[法]菲力普·肖特：《毛泽东传》，北京：中国青年出版社 2010 年，第 82—83 页。

[15]《冯友兰学术自传》，北京：人民出版社 2007 年，第 320 页。

[16]《中国社会各阶级的分析》，见《毛泽东选集》(第一卷)，北京：人民出版社 1991 年，第 3 页。

[17]《中国社会各阶级的分析》，同上书，第 9 页。

[18]《星星之火，可以燎原》，同上书，第 106 页。

[19]《毛泽东选集》(第三卷)，北京：人民出版社 1991 年，第 844 页。

[20] 逄先知、金冲及主编：《毛泽东传(1949—1976)》(上)，北京：中央文献出版社 2003 年，第 608—609 页。

[21] 同上书，第 707 页。

[22] 胡为雄：《毛泽东诗赋人生》，北京：中共中央党校出版社 2007 年，第 331 页。

第六章

培育学者型素养

建设学习型组织，其深远目的，应当在培养和造就一批学者型的人才群体，包括学者型的领导干部、学者型的中坚骨干、学者型的创业团队、学者型的公务员、学者型的参谋人员，等等。而对于每一个人，也要通过读书学习，在实际工作中提高能力素质，在潜移默化中修养心性品德，自觉培育一种学者型的素养。这种“学者型素养”，见之于众多成就大学问、大事业的学者大师们身上，尤其值得我们学习效仿的，概有以下一些方面。

一 “不依傍旁人”看问题的审视眼光

历史上一些大学者、大学问家，总是能抱着一种学习的姿态来看待和审视问题，这种学者的眼光，往往不但深邃而且透彻，用哲学家冯友兰的话说，就是更显“不依傍旁人”的独特见解。

例如对太平天国的历史评价，按“文革”时期流行的看法，太平天国是鸦片战争后近代史上中国人民的又一次反帝反封建的伟大运动，是近代中国历史上三次伟大的革命高潮之一，其历史地位是完全肯定的。曾国藩则是屠杀与镇压革命运动的刽子手，起着维护与巩固清朝反动封建统治的作用。[1]但冯友兰从太平天国的指导思想——宗教神权着眼，“不依傍旁人”地重新评价，得出了完全不同的结论。他在《中国哲学史新编》第六册《自序》中写道：

中国维新时代的主题是向西方学习，进步的人们都向西方学习，但不能倒过来说，凡向西方学习的都是进步的人们。这要具体地分析，要看他要学习的是什么。中国所要向西方学习的是西方的长处，并不是西方的缺点，洪秀全和太平天国所要学习而搬到中国来的是西方中世纪的神权政治，那正是西方的缺点。西方的近代化正是在和这个缺点的斗争中而生长出来的，中国所需要的是西方的近代化，并不是西方中世纪的神权政治。洪秀全和太平天国如果统一了全国，那就要使中国倒退几个世纪，这是我对于洪秀全和太平天国的评价。这个评价把洪秀全和太平天国贬低了，其自然的结果就是把它的对立面曾国藩抬高了。曾国藩是不是把中国推向前进是可以讨论的，但他确实阻止了中国的倒退，这就是一个大贡献。

我的这个看法和时贤的看法正相反对，他们会说这是为曾国藩翻案。但我不是为翻案而翻案，故意标新立异，这是对具体问题作具体分析的结果。

阻止中国的中世纪化，这是曾国藩的大功，他也有大过，那就是他开创并推行了以政带工的方针政策。西方国家的近代化走的是以商带工的道路，这是一个国家从封建进入近代化的自然道路。曾国藩违反了这个自然道路，因而延缓了中国的近代化，这反映于他的洋务派思想，详在书中。总起来说，曾国藩的功是阻止中国中世纪化，他的过是延缓中国的近代化，功就是功，过就是过。宇宙间没有一个人，也没有一个事物是一好百好，一坏百坏的，历史家的任务是说明其功过的内容及其所以致此的原因，这也就是对具体的事物做具体的分析。[2]

向西方学习，不但是中国维新时代的主题，也是百年后的今天我们不得不再次面对和重新审视的问题。我们要学习的是什么？当然是人家的长处。但哪些是人家的真正的长处？哪些长处才是我们真正应当用心去学的？这不得不有敏锐的眼光、冷静的头脑和必要的客观唯物的历史观。

其实，早在鸦片战争时，清末思想家魏源（1794—1857）就提出过“师夷之长技以制夷”的主张，他并受林则徐嘱托，据《四洲志》和中外文献资料，编成《海国图志》一书，积极倡导学习西方技艺，制造枪炮、轮船，加强海防，抵抗外国侵略。之后便兴起了以“中体西用”为指导思想的洋务运动。但历时近三十年建立起来的貌似强大的近代海军和陆军，却在甲午一战中毁灭性地败于蕞尔小国日本。这激起了向来自尊自大的中国士人们的强烈反弹，以至于有谭嗣同“四万万人齐下泪，天涯何处是神州”的悲怆、苍凉和愤怒。接下来，又有康有为、梁启超的“公车上书”和维新变法，但仅仅百余日就烟消云散。于是乎，西方的列强似乎渐行渐远，而东方的武士道却越来越近。从“九一八”到“卢沟桥”，中国人不得不重新认识眼前的这个蕞尔岛国，于是又有“中华民国宪法之父”之称的著名学者、法学家张君劢从改造“国民生活风气”的底层问题，再次提出“以敌为师”的话题，他指出：

我们的敌人——日本人——能在几十年中立于近代国家之林，自有其特长。他受了中国文化的影响，才有今日的文化，此为不可争之事实。他接受外来文化，能取其长而去其短。自唐以后，件件事都模仿中国，如佛教、如尊王、如唐宋的画法、如阳明学说。可是历史上所流传下来的恶习，如科举、如缠足、如宦官，都未传到日本去。这不能不说是日本人眼光之锐敏，他能采长舍短。

张君劢又说：

日本与西方接触在我之后，但他能见到西人之长而行之于国内，则远在我国之先。日本政治家之有眼光，与其国民能细心学习，不能不令人佩服。日本国民性之聪明不及中国人，关于研究学问、观察人情，在中国人稍一浏览便懂得了。日本人之领悟力在吾国人之下，但他领悟后，能孜孜不倦地去做。如日本人在上海所办的同文书院，成立于甲午战争以后，派了一大批学生来学华语，每年派学生到中国内地旅行，调查各地的风俗人情，以所搜集的材料成了一部省别志。所搜集者有各省当票、各地钱票，这一个民族的精细，于此可见。其在政治上，自"九一八"事件以后，虽发现许多危险现象，但自宪政运动开始直到现在，大体上政府还能遵守宪法，依然把每年的预算提交议会。近年来军人法西斯派想把各政党打倒，迄未收效，各政党依然存在。此皆日本人对国家有公忠精神的表现。总之，日本国民性，颇富于情感，没有冷静的头脑，又有好大喜功的毛病，他们能不能在东亚负起很大的使命，实是疑问。但据过去的几十年来说，他们的生活习惯，不能说不是有轻重图勤奋的民族。

张君劢进一步强调："生活观念不变更，新制度是不会随之而起的。"主张"要在国民之实际生活上加上一番改造功夫"，并提出改造生活的六条标准："（一）由明哲保身变为杀身成仁；（二）由勇于私斗变为勇于公战；（三）由巧于趋避变为见义勇为；（四）由退有后言变为面责廷诤；(五) 由恩怨之私变为是非之公；(六) 由通融办理变为严守法令。"接着，张君劢提出自己的文化的也是政治的主张，实际上是企图从各党各派之争尤其国共之争的缝隙中求得一条新的出路：

> 须知(改造国民生活风气)这事要比鼓吹新思想、新主义还重要，因为鼓吹新思想、新主义亦不过是在造成生活的新风气。论到主义，甲主社会主义，乙主资本主义，甲曰自由，乙曰统制，往往容易引起纷争，引起摩擦。若有人能把新生活标准或曰新道德来做一番功夫，很容易得到全国一致的赞同，决不会引起各派各党的反对。此种工作有成绩，则各党各派的新思想、新主义，自亦容易灌输进去。所以我认为新道德标准的建立，乃是新中国最基本的工作。[3]

张君劢的观点正确与否，暂且不论，他却在政治与学术的纷扰之间，能以一个学者的视角，思考振兴中华救国救民的大问题，亦已令人肃然起敬。

张君劢(1887—1969)，江苏宝山(今属上海)人。早年入日本早稻田大学修习法律与政治，后入德国柏林大学攻读哲学和政治学。辛亥革命后，任上海《时事新报》总编辑，北京大学、燕京大学教授，积极参加梁启超阵营的政治活动。他曾一度放弃学业，参加反对袁世凯的斗争。1923 年 2 月，陪同德国哲学家杜舒里来华讲学，应邀为即将出国留学的清华学生做"人生观"的演讲，提醒大家不要以为天下事都受科学因果律的支配，人生观问题更是如此，科学并不是万能的。"天下古今之最不统一者，莫若人生观"这一观点，直接冲撞了当时国内对"德先生、赛先生"即民主与科学的崇拜。演讲词在《清华周刊》第 272 期上刊登。张君劢的好友、著名科学家丁文江读到该文后“勃然大怒”，先后在《努力周报》上发表《玄学与科学——评张君劢的“人生观”》、《玄学与科学——答张君劢》等文章，激烈批评玄学是“无赖鬼”，认为科学方法是万能的，科学若导致问题那是出在政治家和教育家身上。张君劢对丁文江的发难很快做出了反击，于是这场笔战的范围随之扩展，引起学术界一场玄学与科学的论战。当时的众多精英人物如梁启超、胡适、吴稚晖以及“唯物史观派”的陈独秀、瞿秋白等，先后卷入到这次激烈的争论之中。这场论战的实质，是社会历史领域是否有客观规律和社会科学是否有客观作用的问题。论战的规模很大，结果却是谁也没有说服谁。

1934年，张君劢与张东荪等人在北平组织国家社会党，以抗争国民党的一党专政和腐败无能，鼓吹“国家社会主义”。先后出版《民族复兴之学术基础》、《明日之中国文化》，强调传承优秀传统文化，唤起“民族的自觉”，通过强化“民族自信力”实现国家民族的复兴。全面抗战爆发后，张君劢任国民参政会参政员、民族文化学院院长、民盟中央常委。1938年12月，他发表《致毛泽东的一封公开信》，公然反对毛泽东提出的在抗日统一战线中既统一、又独立的独立自主原则，认为共产党“自有军队，自有特区，自标马克思主义”，有碍于在国民党蒋介石领导下举国的真诚团结，共同抗战，要求共产党将“八路军之训练任务与指挥权”完全交给蒋介石，取消陕甘宁边区政府。此文一出，国民党顽固派如获至宝，利用这篇文章到处翻印散发，产生了极坏的政治影响，也理所当然受到共产党方面的驳斥和批判。“皖南事变”特别是太平洋战争爆发后，张君劢逐渐改变对共产党的敌视态度，在一些重大问题上支持共产党的正确主张。1946年初他60岁生日时，周恩来还亲自赠送一块“民主之寿”的寿匾，以示祝贺。但同年8月，张君劢率民社党（由国社党和民主宪政党合并组成的民主社会党）退出民盟，参加蒋介石召开的“国民大会”,彻底断送了他和中国共产党及民盟的友谊。

张君劢一向反对以战争方式解决中国内部问题。当蒋介石公然撕毁政协决议,悍然发动全面内战时,他又对蒋介石国民政府彻底绝望。随着战事日趋明朗,张君劢“再造中国”的理想大势已去。1949 年春,在中国共产党开列的首批 43 名战犯名单上,张君劢赫然位居第 43 名。3 月 25 日,张君劢离开大陆,移居澳门,其间李宗仁曾邀请他出任行政院长,被他辞谢不就。不久,应印度教育部邀请,张君劢赴印度讲学。周恩来曾派张经武赴印度约见他,邀请他回国,也被他婉拒。1952 年他转赴美国,开始自我放逐的生活。离开政治、飘零海外的张君劢,选择了以挖掘中国传统学术来表现对祖国热爱的这条道路。为此,他转向儒学的研究,最终完成著名的《新儒家思想史》,成为当代新儒家当仁不让的开山之人。1958 年,他又和唐君毅、牟宗三等联名发表《中国文化与世界》的长篇宣言,反映了现代新儒学力图走向世界的努力和雄心。张君劢对气节和尊严身体力行。在飘零海外的近二十年间,生活一直十分清苦,但他坚持拒绝国民党当局的资助,直到去世竟未接受过国民党当局一文钱的生活资助。

1969 年 2 月 23 日,这位曾放言“不因哲学忘政治,不因政治忘哲学”的笃行儒者因操劳过度,在旧金山的一所疗养院去世,享年 82 岁。

张君劢一生可以说是徘徊于学术与政治之间,并且在近现代中国政治史和文化学术史上具有重要地位。他学贯中西,循着一个传统儒者的德行,主张以传统中华文明为根基,吸纳西方先进文化,力图以改良而不是革命的方式,把中国建成一个与本民族传统相适配的民主宪政国家,并毕生为这一目标而奋斗。但随着国共内战日见分晓,张君劢没有选择在国共任何一方的阵营里生活,于是飘零海外，专心致力于儒学的探究。可以说，张君劢在政治上是一位失败者和失意者。但就他在政治的纷扰之间，尤能以一个学者的眼光审视社会现实，并以改造国民生活、复兴中华文化为己任，足能见出一个文化学者的深切的民族责任感，而这无疑也为他在政治失意之外却取得了文化上的应有位置。张君劢研究会会长孙善豪先生这样评价："张君劢先生是中国近代史上的一位传奇人物，他左手进入政治国，右手进入学问国：不仅从清末民初起介入了实际政治（除了参与排满、再造共和、巴黎和会之外，还在抗战结束后调停国共，并且起草了《中华民国宪法》），而且，在政治的纷扰之间，他犹能以宏观的视野，时时提醒着民族文化复兴的必要"，"希望儒家思想的种子，能够开展成为未来理想中国的大树"。"张君劢先生不只是个'坐以论道'的哲学家，还是个'身体力行'的政治家。""张君劢先生更完整的面貌，或许还是要有待历史吧。"[4]

我们建设学习型组织，第一位的目的，应当是通过学习，努力改进我们看问题的深度、广度和角度，也就是要培养和具备一点"学者的审视眼光"，能够透过现象看本质，透过热闹看门道，能够举一反三看问题，博古通今论现实，更可贵的是能够在正确的政治立场的前提之下"不依傍旁人"地发表自己的见解。

二 超越名利物质之上的生命追求

我们常说，人总要有一点精神。那么这个精神究竟是指什么呢？是身处逆境时的傲骨，是遭受打击时的不屈，还是卓尔不群的非凡气质？"可以是"，又不尽是。我们从历史上一些成就大学问大事业的大师们的身上，可以见出一种"学者的精神"，那更多的是一种超越名利物质之上的不懈追求，是可以"安身立命"的东西。

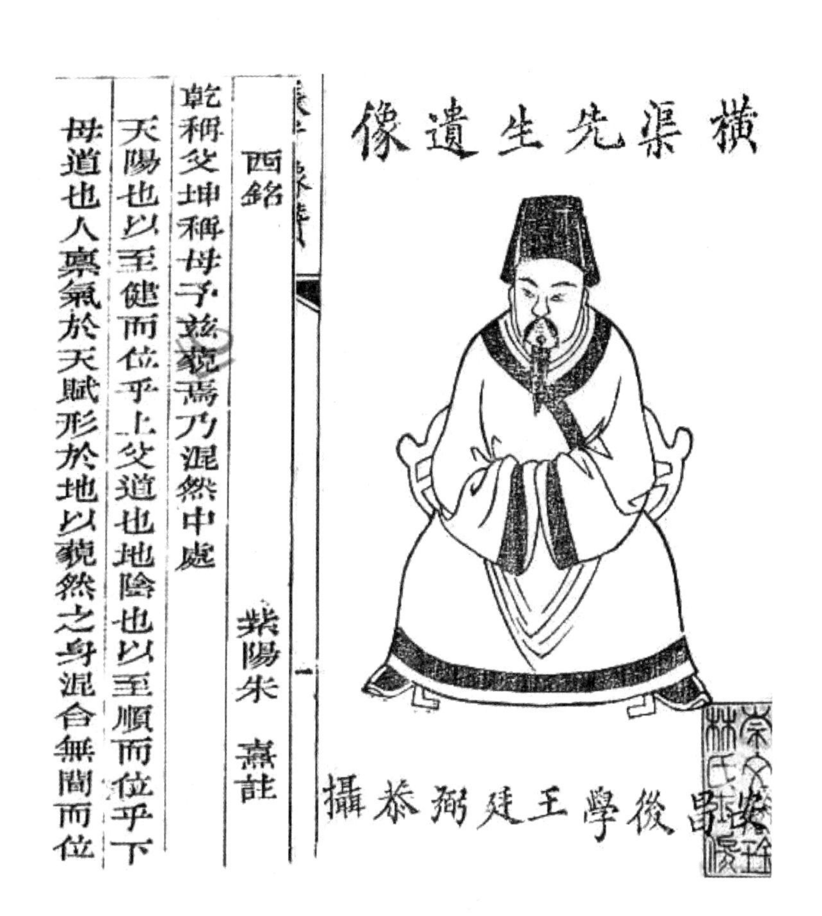
橫渠先生遺像
安昌後學王廷鄉恭攝
西銘
紫陽朱 熹註
乾稱父坤稱母予茲藐焉乃混然中處
天陽也以至健而位乎上父道也地陰也以至順而位乎下
母道也人稟氣於天賦形於地以藐然之身混合無間而位

张载像及其著作。

北宋哲学家、宋明理学的奠基人张载一语道出了学者们“安身立命”的远大抱负和理想追求：“为天地立心，为生民立命，为往圣继绝学，为万世开太平。”

张载(1020—1077)，字子厚，祖籍大梁(今河南开封)，生于长安。因久居陕西眉县横渠镇讲学，故学者多称其为横渠先生。少年时喜欢军事，史称他“少喜谈兵，至欲结客取洮西之地”，慨然有立志从军之志向。他曾上书谒见当时担任陕西招讨副使的范仲淹，陈述关于用兵的谋略和计划。史书上说他“年二十一，以书谒范仲淹，一见知其远器，乃警之曰：儒者自有名教之乐，何事于兵”。范仲淹见出张载绝非等闲之辈，认为他可以在学问上有更大作为，便引导他读《中庸》，致力于儒学。张载一生思学并进，德智日新。“终日危坐一室，左右简编，俯而读，仰而思，有得则识之。或中夜起坐，取烛以书。其志道精思，未始须臾息，亦未始须臾忘也。”[5]可见其一生呕心沥血，穷神知化。[6]

千百年来，张载的“四为”理念和抱负一直为历代读书人所广泛认同，成为知识分子的一曲正气歌，哺育了一代又一代仁人志士。正如冯友兰于东北沦陷、长城抗战如火如荼的1933年在他的《中国哲学史》自序中所言：

> 值此存亡绝续之交，吾人重思吾先哲之思想，其感觉当如人疾痛时之见父母也。吾先哲之思想，有不必无错误者，然“为天地立心，为生民立命，为往圣继绝学，为万世开太平”，乃吾一切先哲著书立说之宗旨。无论其派别为何，而其言之字里行间，皆有此精神之弥漫，则善读者可觉而知也。[7]

抗战后期，冯友兰又在其《新原人》的序言中写道：

> “为天地立心，为生民立命，为往圣继绝学，为万世开太

平”，此哲学家所应自期许者也。况我国家民族，值贞元之会，当绝续之交，通天人之际，达古今之变，明内圣外王之道者，岂可不尽所欲言，以为我国家致太平，我亿兆安身立命之用乎？虽不能至，心向往之。非曰能之，愿学焉。[8]

著名思想家梁漱溟也在1942年从沦陷的香港几经辗转脱险归来后的自述中坦言：

前人云：“为往圣继绝学，为来世开太平”，此正是我一生的使命。[9]

史学大家顾颉刚和钱穆之间的故事，亦可见出大师们超越名利物质的生命追求。

1929年夏，“古史辨派”的领袖人物顾颉刚应燕京大学之聘，辞别广东中山大学北上，其间在苏州老家小住，经人介绍认识了当时还是中学老师的钱穆。这时钱穆刚刚完成《先秦诸子系年》初稿，顾颉刚看到这份书稿后十分惊异，对他扎实的考据功夫和史学才华十分钦佩，当即对钱穆说：“君不宜长在中学里教国文，应去大学里教历史。”随即表示举荐钱穆到中山大学任教。不久，中山大学来电，聘请钱穆南下任教。但由于苏州中学方面的盛情挽留，钱穆还是婉却了中山大学之聘。顾颉刚得知后，又举荐钱穆到自己所在的燕京大学任教。1929年秋冬，仅有中学文凭的钱穆终于走上大学讲坛，受聘燕京大学国文系讲师，开始了他人生道路上的重大转折。不久，钱穆完成他早年的代表作《刘向歆父子年谱》，以康有为为批驳对象，提出与顾颉刚完全相反的观点。顾颉刚虽然在感情上难以接受钱穆对康有为“刘歆伪经说”的攻击，但在理智上却看中了钱穆的史学才华和他坚持己见的执著。顾颉刚遂从学术公心出发，在自己主编的《燕京学报》上刊出了这篇完全与自己唱对台戏的文章，并使钱穆迅速名震学术界。时任北京大学文学院院长的胡适和史语所所长、历史系代主任傅斯年，对这篇文章非常欣赏。顾颉刚又顺势向北京大学鼎力推荐钱穆。1931 年 9 月，钱穆又受聘为北京大学历史系副教授。

可以说，没有顾颉刚的热心举荐，钱穆不可能走上大学讲坛，更不可能进入北大这样的学府。但钱穆后来并没有在学问道路上追随顾颉刚，而是另辟了一块自己的学术天地。然而在这个过程中，顾颉刚的作用仍不可低估。顾颉刚这种不以己意排抑异见的学术雅量和奖掖他人的"王者"风度，在现代学术史上书写了一段佳话，以至半个世纪后，钱穆在《师友杂忆》中重提此事，仍久久不能忘怀，称："此种胸怀，尤为余特所欣赏，固非专为余私人之感知遇而已。"[10]

1940 年 7 月，钱穆出版他的通史名著《国史大纲》，被当时的教育部指定为全国大学用书，迅速风行全国。他在书中对顾颉刚"古史层累造成说"进行了全面而公开的批评，认为古史固然有层累造成的一面，但同时也有层累遗失的一面，这尤需研究，他并据此提出"古史层累遗失说"。钱穆把疑古派的治史主张称为"极端之怀疑论"，声称力求创建新的古史观，对"近人极端之怀疑论"要加以纠正。《国史大纲》是钱穆古史观、文化观的成熟之作，自此以后，他总体上不再赞同"古史辨派"的主张而持严厉的批评态度。

1949 年后，顾颉刚选择了留在大陆，钱穆则南走香港，创办新亚书院。在《新亚学规》里，钱穆规定"祛除小我功利计算，打破专为谋职业、谋资历而进学校之浅薄观念"，又称："职业仅为个人，事业则为大众。立志成功事业，不怕没有职业。专心谋求职业，不一定能成事业。"他还在书院开学典礼的讲话中说："职业往往是社会所要求于我的，而事业则是我在此职业上善尽责任外，又能自我贡献于社会。”因此，他极力推崇宋代的书院教育：“中国宋代的书院教育是人物中心的，现代的大学教育是课程中心的。我们的书院精神是以各门课程来完成人物中心的，是以人物中心来传授各门课程的。”[11]这些都足以见出大师们的生命追求。

另一位儒学大师熊十力及其弟子徐复观的求学问道之路，也能见出一些学者的生命追求来。

熊十力(1885—1968)，是中国现代一位颇具独创精神的哲学家。原名继智，字子真，号逸翁，湖北黄冈人。幼时家境贫寒，曾为人放牛，在父兄的教育下听讲《四书》、《五经》而粗通文墨。年少时，父母相继辞世。曾入邻县私塾附读半年，因受约束而出走，此后全靠勤奋自学。十六七岁，已广泛涉猎明清大儒陈献章、顾炎武、王夫之等人著作。由于“读船山、亭林诸老先生书，已有革命之志，遂不事科举而投武昌凯字营当一小兵，谋运动军队”[12]；同时，读“格致启蒙”之类的书和维新派论文、奏章等，知世变日剧，清末政治腐败，民族危机深重，更加坚定了革命之志，遂走上救国救民、反清反帝的革命道路。1904年，19岁的熊十力进入武昌科学补习所。次年考入湖北新军特别小学堂仁字斋为学兵。1906年加入同盟会，并组织“黄冈军学界讲习社”。1911年，参加武昌起义，革命成功后，任湖北都督府参谋。1917年参加孙中山领导的护法运动，革命失败后，目睹“党人竞权争利，革命终无善果……以为祸乱起于众昏无知，欲专力于学术，导人群以正见”[13]。于是，决定弃政向学，专心研读儒佛，探讨宇宙人生的本质，试图以著书立说来影响社会，改造人心，达到救国救民的目的。

1918年，熊十力自印行世第一部著作《熊子真心书》，对儒、佛、老、庄、船山哲学及西方哲学均有所涉猎。可见其读书兴趣之广。1920年，入金陵刻经处研究部，师从欧阳竟无大师学习佛学。1922

年，受聘为北京大学特约讲师，接替梁漱溟讲唯识学。其“十力”之名，系此时北大校长蔡元培所赠。1932年出版《新唯识论》（文言文本），标志着其哲学体系的创立。蔡元培评价说，佛典中有高深的哲理，“惜二千年来为教界所限，未有以哲学家方法，分析推求，直言其所疑，而试为补正者。有之，则自熊十力先生之《新唯识论》始”[14]。但熊十力的师友及佛学界人士，对此书几乎群起而攻之。刘定权作《破新唯识论》，猛烈批判《新唯识论》。欧阳竟无大师在刘著序言中亦严词苛责：“灭弃圣言量者，唯子真为尤。”但熊十力以“吾爱吾师，吾更爱真理”的气度，不计毁誉，坚持己见，并作《破〈破新唯识论〉》加以驳斥。

抗战爆发后，熊十力避难入四川，任教于马一浮主持的乐山复性书院，讲授宋明理学。此时的熊十力虽身处后方，却痛感外侮日迫，族类益危，常因想起沦陷区同胞之苦辱而禁不住失声痛哭。为此，他撰成《中国历史讲话》一书，大讲汉、满、蒙、回、藏五族同源，意在为各民族团结一心、共同抗日提供历史与理论依据。1943年，熊十力移居重庆，任教于梁漱溟在北碚创建的勉仁书院。1945年，熊十力出版《读经示要》。此著与《新唯识论》一起受到哲学界的充分重视，被当时的中国哲学会作为重要的哲学创作列入《中国哲学丛书》甲集出版。

1949年后，熊十力选择了留在大陆，继续执教北京大学，直到1958年退休。据台湾学者林继平《我的治学心路历程》（台湾兰台出版社2000年7月版）中记述，国民党从大陆撤退时，熊十力秘密乘火车南下广州，准备转道去香港或台湾。毛泽东得知消息后，电告了第四野战军司令员林彪，意在广州设法留住他。林彪与熊十力是湖北黄安的同乡，尊称其为“熊老师”。林彪出面，熊十力无奈，只得随他回到武汉。林彪还特别授意召开欢迎大会，欢迎这位湖北耆宿荣归故里。会后，即护送熊十力回到北京。新中国成立后，熊十力拥护中国共产党，被誉为“党的诤友”，曾担任全国政协特邀代表及第二、三、四届全国政协委员。在党和政府的关怀下，他潜心著述，笔耕不辍，重新梳理了自己的哲学思想，对辩证唯物主义也有了一些新的认识，不过从总体上并没有改变其“新唯识论”的唯心主义立场。“文革”期间，身在上海的熊十力受到冲击，被抄家、揪斗、游街，身心俱受摧残。1968 年 5 月 23 日，这位 84 岁的老人在绝望中逝世。1979 年 3 月，上海市政府在龙华公墓召开熊十力先生追悼大会，为他恢复了名誉。

熊十力是中国现代哲学史上最具原创性的，最早自觉地创立独特哲学体系的哲学家之一。他与冯友兰同为 20 世纪重建中国传统哲学的两大代表。他以学术救国为鹄的，以阐扬中国传统文化的基本精神和价值为职志。“新唯识论”哲学体系的创立，奠定了他在现代中国哲学史上的地位，也使其成为现代思想界所公认的新儒家的主要代表之一。熊十力亲身经历辛亥革命，目睹资产阶级革命党人争权夺利，不肯在身心上用功夫，没有“先天下之忧而忧，后天下之乐而乐”的高尚情操。加上革命失败后，军阀混战，道德沦丧，不能不引起熊十力深入的反思，促使他走上以“学术救国”的道路。熊十力从他的“体用不二”的宇宙论出发，提出“内圣外王”的人生论。认为，传统儒学特别是宋明理学，往往过于强调“内圣之学”，而忽视或不重视“外王之学”，即强调道德修养，而忽视科学意义上的“格物致知”，从而导致中国近代落后于西方，遭受被动挨打的局面。为了弥补前儒的不足，熊十力从他的“体用不二”的思想立场出发，提出“内圣外王不二”，即“内圣”与“外王”并重的人生价值论。“内圣之学”，目的在培养内在的道德品格；“外王之学”，目的在开出一个“独立、自由、平等、富强、民主”的“大同”社会。[15]

熊十力像。

熊十力在港台地区有三位在新儒学方面颇有建树的高足：牟宗三、唐君毅、徐复观，而徐复观与其师有着几乎相同的经历——出身行伍。

徐复观(1903—1982)，湖北浠水人，原名秉常，字佛观，后由熊十力改为复观。他8岁发蒙，12岁进入县高等小学，15岁考入武昌省立第一师范，23岁投考湖北省武昌国学馆。其间潜心于古史经籍，博大深远。26岁赴日留学，入明治大学和士官学校，涉猎政治、经济、哲学，视野大开。因反对日本发动“九一八”事变，遭拘捕，继被遣送回国。抗战时，进入军令部任参谋。1943年，以军令部少将联络参谋的身份派驻延安，参与协调国共统一抗日工作。这段经历，徐复观留下深刻印象。他后来常回忆起那时的人和事，且津津乐道。

1943年8月，国民政府主席林森辞世。延安召开追悼大会，大会由边区政府文委主任吴玉章主持。徐复观回忆说，吴玉章并不报告林森的生平，而是粗言秽语，对蒋介石加以诋毁。他一时气起，要求登台发言，结果被“今天没有安排徐参谋发言的节目”为由，加以拒绝。徐复观愤然退席，却被门卫挡住，不予放行，他气愤地说：“要便是扣留，要便是让我离开。”后来又以绝食相抗议。结果是，周恩来写来长信道歉，叶剑英亲自招待安慰他。徐复观的刚毅性格还引起了毛泽东的注意。毛泽东常邀其畅谈政治与学术，还曾向他推荐过刘少奇的《论共产党员的修养》，并介绍他与刘少奇晤谈。

由延安回到重庆后，徐复观被任命为蒋介石侍从室第六组副组长，由此涉足政界，参与机要。在国民党第六次代表大会上，他还以“总裁随从秘书”身份参加会议。在重庆期间，徐复观曾赴北碚勉仁书院拜见熊十力，并拜其为师。曾因读史问题受到熊十力“起死回生的一骂”，深刻领悟他“亡国族者常先自亡其文化”之言。遂接受他“欲救中国，必先救学术”的思想，从此下决心去政从学。抗战胜利后，致力于教学与学术研究。1947 年 5 月，以陆军少将军衔退役，与上海商务印书馆合作，在南京创办学术刊物《学原》，宣传中国文化，开始从事以学术文化救国的活动。1949 年 5 月赴香港，6 月创办《民主评论》。不久即赴台湾，定居台中，历任省立农学院、私立东海大学及香港中文大学客座教授。

在现代新儒家中，徐复观是一位激情奔放的“勇”者型学者，他喜欢自称“乡下人”，也被许多学界同仁视为文化保守主义者。但在台湾学者眼里，徐复观更是一位“以传统主义论道，以自由主义论政”的学者。20 世纪五六十年代，他以《民主评论》为主阵地，站在中国文化的立场上，对代表自由主义的胡适展开了不遗余力的攻击，与《自由中国》形成不可两立之势。1961 年 11 月 6 日，美国国际开发总署主办的东亚科学教育会议在台北举行，胡适以“中央研究院”院长身份在会上发表了《科学发展所需要的社会改革》的演讲，以“包小脚”代表中国文化，以“行乞”、“迷信”代表印度文化，立即遭到徐复观的愤怒谴责：

> 今天在报上看到胡博士在东亚科学会的演说，他以一切下流的词句，来诬蔑中国文化，诬蔑东方文化。我应当向中国人，向东方人宣布出来，胡博士担任“中央研究院”院长，是中国人的耻辱，是东方人的耻辱。我之所以如此说，并不是因为他不懂文学，不懂哲学，不懂中国的，更不懂西方的；不懂过去的，更不懂现代的。而是因为他过了七十之年，感到对人类任何学问都沾不到边，于是由过分的自卑心理，发而为狂悖的言论，想用诬蔑中国文化、东方文化的方法，以掩饰自己的无知，向西方人卖俏。因为得点残羹冷炙，来维持早经摔到厕所里去了的招牌，这未免太脸厚心黑了。[16]

从徐复观犀利尖刻的劲悍笔力和飞扬个性中，多少还能读出一些“兵”的霸气和“武力”。纵观由赳赳武夫渐成文化斗士的徐复观一生，他几乎一直沉浸在意识形态的政治情结之中，而津津有味，乐此不疲。他自称，70 岁以前，梦中还常常与毛泽东折冲樽俎，纵横捭阖，谈论天下事。1980 年 9 月，徐复观因患胃癌施行大手术，几度昏迷，于将死方生之际，他犹梦见与毛泽东相遇于荒野，且两人依旧激辩不已。

1982 年 4 月，徐复观因胃癌在台湾病逝。1987 年，徐复观的骨灰由其幼子徐帅军捧回湖北浠水，安葬在故乡的土地上，实现了“落叶归根”的愿望。正如他自己所说：“归根之念，也正是知识分子良心的自然归结。”

徐复观一生留下了数百万字的著作，其代表作有《两汉思想史》、《中国人性论史·先秦篇》、《中国艺术精神》、《中国经学史的基础》、《中国思想史论集》、《中国思想史论集续篇》、《中国文学论集》等。这些论著，思想深邃，立论卓特，文风雄健，涵盖中国哲学、经学、史学、文学、艺术诸领域。其间一以贯之的主线，即通过对中国文化做“现代的疏释”，阐扬了蕴涵其中的中国人文精神。

我们建设学习型组织，亦在于通过不断的学习，使自己由内到外获得一些改造，培育和造就一种超越名利物质之外的学者精神，砥砺那种“为天地立心，为生民立命”或者“为往圣继绝学，为万世开太平”的执著追求，和托命天地、有容乃大的坦荡胸怀。

三 发自内心的时代关怀和人文关怀

学者的时代关怀和人文关怀，自有其独特的方式，而尤其值得我们学习效仿的，乃是其无欲无求、发自内心的品行，毫无故弄或做态之举措。

1931年“九一八”事变后，日本侵略者很快独占东北，继又把魔爪伸向华北，攻占山海关、热河，然后越过长城，逼近平津。国民党政府被迫签订屈辱的《塘沽协定》，仍未能满足侵略者的贪欲。1935年，日本策动华北“自治”，企图搞第二个“满洲国”，偌大的华北数省“已经安放不下一张平静的书桌了”。于是，身处“危城”的北平知识界放弃昔日埋首书斋、不问世事的从容，义不容辞地担负起抗日救国的重任，发出抗日的怒吼。

史学家顾颉刚激于“强邻逞暴，国土日蹙”之势，毅然走出书斋，创办《禹贡》杂志，组织禹贡学会，提倡边疆地理和民族史研究，创办中国边疆学会，出版《边疆周刊》，以加强国民的国土意识和爱国意识为己任，直接向民众宣传抗日。

中央研究院历史语言研究所所长傅斯年，邀集学界同仁编写《东北史纲》，依据历史资料，运用民族学、语言学理论，有力驳斥日本侵略者“满蒙非中国领土”的谬论，并主张通过修史和编写历史教科书来启发国人的民族意识，唤醒民众的抗日热情。

钱穆写于“九一八”事变后、完成于卢沟桥事变前的著作《中国近三百年学术史》，高扬以天下为己任的宋学精神，表彰晚明遗老不忘种姓的民族气节，寄寓了他反抗侵略的写作意旨。他还在北京大学、西南联大讲授中国通史时宣称：“读史、治史应有一个正确的态度，对祖国历史应充满着热爱”；“中国历史悠久，自有其独特之处，作为一个中国人应感到它的可敬。”1939年6月，钱穆在昆明宜良山中的岩泉寺完成他一生中最重要的著作《国史大纲》。他在该著“引论”中称：“欲其国民对国家有深厚之爱情，必先使其国民对国家已往历史有深厚之认识；欲其国民对国家当前有真实之改进，先必使其国民对国家已往历史有真实之了解。”国史教育的任务，“尤在将国史真态，传播于国人之前，使晓然了解于我先民对国家民族所已尽之责任，而油然兴起慨想，奋发爱惜保护之挚意”[17]。钱穆读书不忘爱国，爱国不忘读书。他在抗战期间著述讲演，多以弘扬民族文化、激扬民族精神为内容，真实地体现了这一代知识分子强烈的民族忧患意识和文化担当精神。《国史大纲》被其学生余英时誉为“为中国文化招魂”的大著作。

钱穆的侄子、著名物理学家钱伟长（1912—2010），早年受钱穆影响，偏爱文史，数理成绩很差，中学时属于“偏科生”。1931 年，钱伟长以中文和历史两个 100 分的成绩考入清华大学历史系。“九一八”事变消息传来，令钱伟长拍案而起，毅然决定“弃文从理”，转学物理，学习制造飞机大炮，以振兴中国军力。当时的物理系主任吴有训起初拒绝钱伟长转学要求，后被其诚意打动，答应他试读一年。为了能尽早赶上课程，钱伟长废寝忘食，极度用功，一年后数理课程均超过 70 分，从此迈进自然科学的大门。七七事变后，在清华大学读研究生的钱伟长，从天津经香港赴云南，于 1939 年元旦到达昆明，受导师叶企孙委托，以研究生身份在西南联大讲授物理系二年级的热力学课。其间，他常抽空到宜良山中看望叔父钱穆，叔侄俩同在联大任教，一时传为佳话。1940 年，钱伟长考取中英庚款会的公费留学生，赴加拿大多伦多大学学习。1942 年获多伦多大学博士学位。之后转赴美国加州理工学院和美国国家喷射推进研究所，在“世界导弹之父”冯·卡门指导下，从事航空航天领域的博士后研究。抗战胜利后，钱伟长放弃国外优越的生活和研究环境，以“久离家园，怀念亲人”为由，毅然回到祖国。回国后他在母校清华大学担任教授，并最终成为中国现代力学与应用数学的奠基人，和享誉全球的“万能科学家”。

面对日本帝国主义的侵略，中国知识分子没有退缩，反而激起了他们日益高涨的民族情绪和爱国热情。马克思主义史学家范文澜于1935年撰成旨在振奋民族精神的著作《大丈夫》，以表彰历史上25位具有崇高民族气节、勇于为国捐躯沙场的英雄人物的方式，表达了“大丈夫行事，论是非，不论利害；论顺逆，不论成败；论万世，不论一生”（黄宗羲语）的“大丈夫”精神。张骞、李广、苏武、马援、岳飞、文天祥、袁崇焕、史可法……正是这些具有“大丈夫”气节的民族之魂，在中华民族生死存亡的时刻，激励了无数热血青年和广大民众挺身而出，挽救民族危亡，勇敢抗击侵略。1936年1月27日，北平文化界救国会成立，并发表宣言大声疾呼：在敌人贪欲无厌、得寸进尺之时，“我们还等待吗？我们还能迟疑吗？”“华北的民众，全国的民众，起来！赶快起来！抵抗敌人的侵略，救护我们的国家，收复我们的失地，争取我们的自由。”[18]10月13日，由清华大学历史系、哲学系教授张荫麟（1905—1942）起草，经钱穆、顾颉刚、冯友兰等人多次修改，百余名平津知名教授联署发表《抗日救国宣言》，声称：

> 去秋以来，情势更急，冀东叛变，津门倡乱，察北失陷，绥东告警，丰台撤兵，祸患连骈而至，未闻我政府抗议一辞，增援一卒，大惧全国领土，无在不可断于日人一声威吓之中。……我中华民族，数千年来，虽时或沦于不肖之才，从未有尽举祖宗所贻，国命所系，广土众民，甘作敝屣文弃者。此有史以来所未前闻之奇耻大辱，万不能见创于今日。是则同仁等觇民意之趋向，本良心之促迫，所敢为我政府直言正告者也。同人等以国防前线国民之立场，在此中日交涉紧张之际，为愿政府明了华北之真正民意与树立救亡之目标起见，特提出下列数项要求，望政府体念其爱国赤诚，坚决进行，以孚民望而定国是，不胜祈祷之至。[19]

写作时的范文澜。

宣言表达了“托迹危城”的百余名教授反对政府对日妥协，要求集中力量，一致抗战的爱国愿望，表达了他们在危难当头的局势下，对国家前途、民族命运的关注，体现了他们以天下为己任的强烈爱国意识和文化担当精神，对于促成国民党政府尽早抗日贡献了知识分子的一份力量。[20]

除时代关怀之外，学者大师们之间的人文关怀似更显自然而淳朴。前述钱穆因顾颉刚之鼎力举荐，以仅有中学文凭的中学教师身份终于走上大学讲坛。钱穆初入燕京大学，人地生疏，顾颉刚又为其接洽一切。在顾颉刚的引见下，钱穆拜访了校长吴雷川，还结识了冰心、吴文藻等学人，后来又入城拜访了北大文学院院长胡适。钱穆住在朗润园，顾颉刚住在成府蒋家胡同。钱穆常到顾家拜访，讨论学问，两人遂成莫逆之交。钱穆晚年在《师友杂忆》中对燕京大学时期的顾颉刚有这样一段深情的回忆：

> 余初到校即谒颉刚，其家在校之左，朗润园则在校之右。其家如市，来谒者不绝。……宾客纷至，颉刚长于文，而拙于口语，下笔千言，汩汩不休，对宾客讷讷如不能吐一辞。闻其在讲台亦唯多写黑板。然待人情厚，宾至如归。[21]

钱穆来到燕京大学后，每周有三日闲暇可供自己支配，所居朗润园环境幽静，为其潜心学术提供了一个全新的著述环境。燕京大学藏书丰富，北平人文荟萃，学者云集，相互切磋问学的机会大增。在这样一个良好的环境下，他不仅完成了《先秦诸子系年》的写作，还写出了《周官著作时代考》、《周初地理考》等具有很高学术价值的文章，在北平学术界崭露头角。

1930 年夏，钱穆因不适应教会大学的环境，在燕京大学任教第二学期结束便匆匆南归。此间，蒋梦麟出任北京大学校长，聘请胡适为文学院院长，傅斯年为历史系代主任。两人为重振北京大学文科，正四处招兵买马，他们首先想到在燕京大学任教的顾颉刚，希望他去任历史系主任。顾颉刚因燕京大学校方的盛情挽留，婉拒了北京大学方面的邀请，就向胡适、傅斯年推荐了钱穆。他在 1931 年 3 月 18 日致胡适的信中说：

我所能教之功课他（指钱穆）无不能教也，且他为学比我笃实，我们虽方向有些不同，但我尊重他，希望他常对我补偏救弊。故北大如请他，则较请我为好，以我有流弊而他无流弊也。他所作《诸子系年》已完稿，洋洋三十万言，实近年一大著作，过数日当请他奉览。[22]

在顾颉刚的鼎力推荐下，北京大学方面很快做出聘请钱穆的决定。1931 年 9 月，钱穆受聘任北京大学历史系副教授，并最终成为名震宇内的史学大家。

钱穆不但治史严谨，而且十分注重育人。抗战期间，钱穆在成都齐鲁国学研究所讲学时，对学生严耕望寄予厚望，且关爱有加。不但亲自安排他的住处，对他的起居饮食，乃至铺床叠被、整理书籍一类的琐事，皆一一过问，极尽关怀之事。他还经常谆谆告诫学生，读书治学要有坚强的毅力和远大的抱负，不要为求名求利而读书。他说：

我们读书人，立志总要远大，要成为领导社会、移风易俗的大师，这才是第一流的学者！专守一隅，做得再好，也只是第二流。[23]

他又对严耕望说："你将来必然要成名，只是时间问题；希望你成名后，要自己把持得住，不要失去重心；如能埋头苦学，迟些成名最好！"钱穆语重心长的话，对严耕望日后的成长产生了较大的影响。严耕望在晚年的回忆中称自己“一直牢记先生的告诫，自励自惕，不敢或忘”。在钱穆长期的指导和关怀下，严耕望坚定不移地在史学方向上发展。1970 年，54 岁的严耕望当选为台湾“中央研究院”院士，成为钱门弟子中最早成为院士的人。[24]

这样的时代关怀和人文关怀，对于我们建设学习型组织，纯洁品质，高尚情操，和谐团队，无疑是有借鉴意义的。

四 “不以物喜，不以己悲”的精神境界

大师者，不仅是有大学问，还必有其大的境界，令人肃然起敬，故而尊其为“大师”。

1966 年 8 月 24 日，对于梁漱溟一家是天翻地覆的一天。这天，北京某中学的红卫兵来到梁家造反。他们勒令梁漱溟站到一边，然后翻箱倒柜，撕字画，砸古玩，烧图书。梁漱溟妻陈树棻欲上前劝阻，却遭红卫兵一顿劈打，至脊背出血，还被勒令跪在地上吃生丝瓜。梁家收藏多年的字画、文物，特别是梁家先人历尽战火动荡保存下来的两大箱画轴，还有梁漱溟自己保存的从戊戌维新到“东西文化论战”时的各家手札等，全被翻腾出来，或被付之一炬，或被无理收缴，其中包括被梁漱溟视为生命的《人心与人生》未完稿。红卫兵连《词源》和《辞海》亦不放过，因辞书太厚不好烧，就一页一页撕下来扔进火堆。随后，红卫兵又把梁漱溟拉出去游街批斗。73 岁的梁漱溟遭受到个人生命史上前所未有的侮辱。当晚，梁漱溟夫妇还被强迫搬进潮湿阴暗多蚊虫的小南屋居住，其正屋被红卫兵强占用做临时指挥部。面对这突如其来的灾变和空前的奇耻大辱，梁妻陈树棻欲哭无泪，在破旧的木板床上辗转反侧，不能入眠。而梁漱溟在一天之间，眼见得自己几代人的积累和家中的一切衣物书籍荡然无

存,“初颇不释,但旋即夷然不介意”。凌晨3时许,他索性起床,正襟危坐在小南屋中那张破旧的书桌前,脑海不断闪现一天来急剧变化的种种场面,尤其是对那篇刚刚开笔,写了一万余字的《儒佛异同论》及相关资料化为灰烬甚为可惜。他当即决定,从现在开始,凭着记忆尽快把这篇文章写完,以期对毕生研究的东方文化问题做一个总结。于是,他立刻遁身学问界,心境也渐渐平缓下来。接下来几天,梁漱溟白天被监督劳动,打扫街道、院落、厕所,构思文章,入夜便在小南屋一面挥扇驱赶蚊虫,一面奋笔疾书,以每天千余字的速度重写《儒佛异同论》。至9月6日写就“论一”,嗣11月10日写出“论二”。其成文背景和过程足令人敬佩。[25]

著名散文家卞毓方在《思想者的第三种造型》一文中写道:

> “文革”中,梁漱溟的藏书、手稿、字画被焚,人又被拉去游街、批斗。这不啻是剜心摘肝,侮宗辱祖。稍微想不开的,就会走上绝路。梁漱溟不,当造反派厌倦了他这只“死老虎”,把他关进一间小屋,停止纠缠,他么,既不呼天抢地,也不长吁短叹,而是优哉游哉、自得其乐地写起学术论文。先撰《儒佛异同论》,继撰《东方学术概观》,其超然物外的胸襟,和目无凡夫的气度,令世人叹为观止。……梁漱溟以太极拳健身,数十年如一日,从不间断。即使在那些被批斗的日子里,一旦获得短暂的喘息,哪怕是当着数十人、数百人的怒目,他也会立即拉开架势,专心致志地调经运脉、摄气炼神。[26]

著名学者朱永新先生在《改变,从阅读开始》一书中这样评价梁漱溟:

> 梁先生是个注重行动的人,他从来不承认自己是个学问家,只说自己是个社会活动家。但梁先生更突出之处是,他是

一个有坚定主张的人。他只听从自己内心的声音，他敢于拒绝毛泽东邀请他在政府担任职务，他敢于在政协的大会上公开与毛辩论，在批斗大会上问他有何感想，他的回答是“三军可夺帅也，匹夫不可夺志也”。更为有趣的是，在批斗大会上，他竟然可以悠闲地打起太极拳，仿佛这一切与他无关。[27]

这就是大师的境界。面对一日之内祸从天降的变故，他只是“初颇不释，但旋即夷然不介意”，而后集中全部精力在阴暗潮湿多蚊虫的环境下，凭着记忆重写被焚毁的书稿，“仿佛这一切与他无关”。

这里还要提到梁漱溟的连襟、民国早期政学两界颇有影响的人物伍观淇。

伍观淇，字庸伯，1886 年生于广东番禺南浦村。年长梁漱溟 7 岁。他 6 岁入私塾，16 岁考入两广高等学堂。后又考入广州将弁学堂。毕业后，以优等生资格被委任为新军管带(相当于营长)。三年后，自感学问浮浅，遂于 1909 年秋离职北上，考入保定军校。武昌起义爆发，伍观淇即南下投效革命军，又转至南京临时政府参谋部任职。清帝退位，大局既定，伍观淇又进入陆军大学继续深造。1913 年毕业后，留校提任教官，同时兼任参谋本部某局第三科科长。

与其他职业军人相比，伍观淇对政治事务、思想学术有着更多的思考，在经历了辛亥革命及民国初年一系列重大事件之后，伍观淇对军人生涯的意义产生疑问，遂于 1915 年春辞去陆军大学教官，次年秋又辞去兼任的参谋本部的科长职务，决定用五年时间专心读书，以期解决思想上的困惑。他先后接触了佛教、道教及中西、新旧等知识，向多位儒佛大师问学，最后专攻儒学。1919 年，新思潮正盛时期，伍观淇每天到北京大学旁听，前后约一年之久，因而与北大的一些同学、老师颇熟。伍观淇虽弃官从学，但因其具有很高的人生境界和人格感召力，不少陆军大学的同仁、校友、学生，以及两广的同乡，都愿意聚集在他的周围。伍观淇常出其心得为朋友们讲学，至1919年下半年，一个初具规模的讲会悄然形成。

这期间，梁漱溟应邀到北京大学执教，从而得以与伍观淇相识，并成为共同研究儒学的同道者，两年后成为连襟。在伍观淇的讲会，梁漱溟结识了李济深等一批朋友。李济深，字任潮，广西苍梧人，晚伍观淇一年从陆军大学毕业，留校担任教官，因与伍观淇有着相同的经历，且都来自两广，故成为好友。伍观淇虽然退出军界，隐居讲学，但因他毕竟是广东军界的前辈，加上其人格魅力和才华学识，他的一些得势的老同学就企图拉他出山。1920年，孙中山军政府所属粤军第一师师长邓铿致信伍观淇，邀其回粤担任参谋长。但伍观淇此时尚无意出山，就推荐李济深投效。李济深即入第一师，之后从副官长而参谋长而师长，始终秉邓铿之志而拥护孙中山。孙中山也十分倚重他，任命他与蒋介石一起筹办黄埔军校，蒋介石为校长，李济深辅之。

1921年8月，伍观淇挈眷南归，决心本着修身、齐家、治国、平天下的理念，尽力为家乡做点事。他回到广东后，受粤军广州军警督察处处长叶举之邀，担任督察处总参议，亲率数十人日夜巡逻市街，整顿省城秩序，广州市区治安遂大为改观。此时，粤军首领陈炯明对孙中山尚未公然叛变，但行迹已逐渐暴露，流言也多了起来。伍观淇忧心忡忡，一天夜里潜入陈炯明总部，列举流言质问陈炯明。然而陈炯明并不避讳，竟大肆指责孙中山，其势不可理喻。伍观淇遂动念刺杀陈炯明，但转而又觉得陈炯明并未真的叛变，如将其刺杀可能引起内部动荡，于是放弃刺杀他之念。却把自己想要刺杀他的想法毫无隐瞒地说出来，以警告他。陈炯明顿受触动，立即改变其狂傲态度。稍后并对伍观淇十分佩服,称其公忠坦白,是很少见的一个人。但伍观淇已感到不能在他的手下继续效命,遂辞去督察处总参议之职,回到南浦村。

回乡后,伍观淇先在高塘举办民团养成所,亲自主持教学,培养训练乡民武装,帮助地方平息械斗,肃清匪盗。后又致力于兴办地方教育,在南浦村兴办了第一所小学——慎修学校。此间,经他介绍到广东发展的李济深在军政两界顺利发展,实力地位逐步增高。1925 年,李济深所部改编为国民革命军第四军,李济深任军长。1926 年初,国民政府决定出师北伐,蒋介石为总司令,亲赴前方督师;李济深以国民革命军总司令部总参谋长、广东省政府主席的身份留守后方。李济深自顾责任重大,遂向蒋介石提议请伍观淇出来协助。获准后,李济深亲临南浦村邀伍观淇出山,任国民革命军总司令部办公厅主任兼少将总参议。翌年,李济深又电请南京国民政府任命伍观淇等人为广东省政府委员,并由伍观淇兼任全省地方武装团体训练员养成所所长。

1929 年,广东省政府改组,伍观淇再次退出政坛。1936 年,他的陆军大学同学黄慕荣任广东省政府主席,亲赴南浦村邀伍观淇出山相助。他再度返回省城,任广东农村合作委员会主任委员。抗战爆发后,伍观淇又受命为广东民众抗日自卫团统率委员会委员,统率省城周边地区的民众武装,并改编为第 4 战区第 1 游击纵队。1938 年 10 月广州沦陷后,52 岁的伍观淇率游击纵队在广州城北组织了著名的“江高阻击战”,有效阻击了日军向北进犯。参谋总长陈诚在广州战役检讨会上说:“广东有个伍观淇竟在广州城北阻击敌军十多日,试问正规军有何颜面见江东父老!”

1940 年 5 月后,伍观淇的第 1 游击纵队奉命改编为挺进第 4 纵队,隶属第 7 战区。伍观淇率领这支游击武装,转战广东各地,与日军展开艰苦的游击战。当年，有位《大公报》记者曾这样描写伍观淇："游击老将伍观淇，于国步维艰、民族劫运之际，捍国卫乡，责无旁贷，毅然振臂一呼，乡人闻风兴起，热烈拥戴，今年虽耄耋，然精神矍铄，尤若壮年，记者获瞻风采，畅聆伟论，油然而生敬佩之心……"

抗战结束后，伍观淇的游击队奉令遣散，大部分队员回乡务农。伍观淇仍热心乡梓初衷不改，仅接受番禺县临时议会参议长及县建设委员会主任之职。1949年后，伍观淇坚拒出走台湾，执意留在番禺。后来，中央人民政府副主席李济深通过中央统战部，邀请伍观淇进京。伍观淇1950年到北京后，暂寓李济深家中。闲居时，常与梁漱溟、黄艮庸等友人一同研讨儒学。梁漱溟后来编纂出版的《大学礼记篇·伍严两家学说》中关于伍氏的部分，均是此时由几位友人笔录整理而成。梁漱溟认为：中国古人在世界学术上最大的贡献无疑就是儒家孔门那种学问，而伍观淇先生在儒学的贡献则有足以补宋儒、明儒之所未及者。这个评价是非常高的。1952年冬，伍观淇因胃病恶化逝世，终年67岁。[28]

北宋文学家范仲淹在《岳阳楼记》中说："不以物喜，不以己悲。居庙堂之高，则忧其民；处江湖之远，则忧其君。是进亦忧，退亦忧。然则何时而乐耶？其必曰：'先天下之忧而忧，后天下之乐而乐'欤！"伍观淇一生不为名、不为利、不为官，旨在为民请命，为国赴死，其人生追求和精神境界，非我们一般人所能理解，也令其同代人、同辈人及至后辈诸生们所敬仰。在物欲横流、追名求利盛行的今天，前辈儒者大师如梁漱溟、伍观淇们"不以物喜，不以己悲"的宏大胸襟和生命追求，虽不需为世人所效仿，然足令我们后辈者深思。

注释：

[1] 金春峰：《冯友兰哲学生命历程》，北京：中国言实出版社2004年，第

221页。

[2] 冯友兰:《中国哲学史新编》,北京:人民出版社2007年,下卷,第284页。

[3] 张君劢:《文化政策》(《立国之道》第四编)、《明日之中国文化》,北京:中国人民大学出版社2006年,第173—182页。

[4] 张君劢:《明日之中国文化》,北京:中国人民大学出版社2006年,第173—184页。

[5] 吕大临:《横渠先生行状》,见《张载集》,第381页。

[6] 陈来:《宋明理学》,上海:华东师范大学出版社2005年,第45—46页。

[7] 冯友兰:《中国哲学史》,上海:华东师范大学出版社2000年,上册,自序二。

[8]《冯友兰学术自传》,北京:人民出版社2007年,第239页。

[9]《香港脱险寄宽恕两儿》(1942年2月于桂林),见《梁漱溟自述》,桂林:漓江出版社1996年,第279页。

[10] 参见陈勇:《国学大师钱穆》,北京:北京大学出版社2007年。

[11] 转引自《改变,从阅读开始》,朱永新选编,天津:天津教育出版社2007年,第140页。

[12] 熊十力:《十力语要》,见《熊十力论著集之三》,北京:中华书局1996年,第331页。

[13] 同上书,第429页。

[14]《新唯识论·序》,见《蔡元培哲学论著》,石家庄:河北人民出版社1985年,第415页。

[15] 参阅《中国现代哲学》,张文儒、郭建宁主编,北京:北京大学出版社2001年。

[16] 徐复观:《中国人的耻辱,东方人的耻辱》,载《民主评论》第12卷第24期。

[17] 转引自陈勇:《国学宗师钱穆》,北京:北京大学出版社2007年,第

191 页。

[18] 载 1936 年 2 月 15 日《大众生活》第 1 卷(第 14 期)。

[19]《张荫麟先生纪念文集》,上海：汉语大词典出版社 2002 年版,第 330 页。

[20] 陈勇:《国学宗师钱穆》,北京：北京大学出版社 2007 年,第 139 页。

[21] 同上书,第 74 页。

[22] 顾潮:《历劫终教志不灰——我的父亲顾颉刚》,上海：华东师范大学出版社。转引自《国学宗师钱穆》,北京：北京大学出版社 2007 年,第 75 页。

[23] 严耕望:《钱穆宾四先生与我》,台北：台湾商务印书馆 1992 年,第 66 页。

[24] 陈勇:《国学宗师钱穆》,北京：北京大学出版社 2007 年,第 190 页。

[25] 参见马勇:《思想奇人梁漱溟》,北京：北京大学出版社 2008 年,第 285—286 页。

[26] 卞毓方:《长歌当啸》,上海：东方出版中心 2004 年,第 142 页。

[27] 朱永新选编:《改变,从阅读开始》,天津：天津教育出版社 2007 年,第 118 页。

[28] 参阅伍炽文、徐耀星主编:《抗日儒将伍观淇》,广州：中山大学出版社 2008 年。马勇:《思想奇人梁漱溟》,北京：北京大学出版社 2008 年,第 95—105 页。